공부에 대한 심도있는 탐색
공부의 확장된 패러다임 제시

교육막방

교육은 무엇이든지
막을 수 있는 방패인가?

정한호

박영story

| 머리말 |

우리는 과거 어느 때보다 시간의 중요성이 강조되고 있는 시대에 살고 있다. 정해진 시간의 흐름 속에서 인간이 시간을 늘릴 수 있는 유일한 방법은 가능한 시간을 쪼개고 짜투리 시간까지 모두 생산적인 활동에 소비하는 것일 것이다. 이로 인해 우리는 제한되고 한정된 시간 속에서 보다 많은 성과를 얻기 위해 노력하고 있다. 컴퓨터를 비롯한 테크놀로지의 데이터 처리 속도는 과거와 비교할 수 없을 정도로 빨라지고 있으며 그 속도는 더욱 가속화될 것이다. 최근 우리 생활의 일부분을 차지하고 있는 스마트 폰의 경우를 살펴보더라도, 3G에서 4G, 5G 등 급속도로 빨라지고 있다. 교통수단의 속도도 이전과는 비교할 수 없다. 2시간 30분 정도면, KTX로 서울에서 부산까지 갈 수 있으며 진공터널을 통해 20분 정도면 도달가능한 시기도 곧 도래할 것으로 예상되고 있다. 이처럼 기존과 다른 혁신적인 테크놀로지 및 교통수단은 우리의 활동 속도를 이전 보다 빠르게 만들고 있다.

그렇다면 공부는 어떨까? 이전과 비교해 볼 때, 정해진 시간에 보다 많은 내용을 습득하고 빠른 속도로 공부하는 것이 가능하게 되었는가?

물론 정해진 시간에 인간이 학습할 수 있는 양은 제한적이며 동일한 양을 이전보다 빠른 속도로 공부한다는 것은 쉽지 않을 것이다. 그러나 정보통신기술의 발달로, 우리는 원하는 정보 및 자료를 이전보다 빠르게 찾을 수 있게 되었으며 과거와는 비교할 수 없을 정도로 많은 양의 지식 및 정보를 습득할 수 있게 되었다. 최근에는 온라인 학습을 통해, 직장 생활을 하면서 각종 자격증뿐만 아니라 학위 취득도 가능하게 되었다. 또한 MOOC를 통해, 전 세계 명문대학의 강의를 시공간에 제약 없이 편리하게 수강할 수 있게 되었다. 중·고등학생들도 인터넷을 통해, 국내 최고 수준의 다양한 강의를 가정에서 편리하게 수강할 수 있게 되었다. 그런데 이 같은 시기에 우리 아이들의 학업성취가 이전보다 이전과 비교하여 향상되었다고 단언할 수 있을까? 관점에 따라 차이는 있을 수 있겠지만, 높아졌다고 말하기는 쉽지 않을 것이다. 동일한 시간에 많은 양을 공부한 학업성취가 높아지는 것은 아니다. 운전을 하다보면 길을 잘못 들어 되돌아가는 경우가 있다. 만약, 10분 정도 엉뚱한 방향으로 진행하였다면, 다시 되돌아 와야 하기 때문에 총 20분의 시간을 낭비하게 될 수도 있다. 그런데 방향의 오류가 있음을 알았다고 하더라도 곧바로 올바른 길로 되돌아가기는 쉽지 않다. 공부의 경우도 동일하다고 볼 수 있다. 공부는 속도도 중요하지만 방향성이 매우 중요하다. 이 책은 독자들에게 공부에 대한 올바른 방향성을 제공하기 위해서 집필하였다.

이 책은 크게 모듈 1, 2, 3, 세 부분으로 구성되어 있으며 총 6개 장으로 이루어져 있다. 제1모듈에서는 '교육의 본질', '공부의 핵심 요소', 제2모듈에서는 '꿈꾸지 않는 아이', '행복하지 않는 아이', 제3모듈에서는 '부모가 공부를 시키는 이유', '부모의 꿈' 등으로 구성되어 있다. 이 책은 학령기 아동을 둔 성인, 학교에서 아이들을 가르치는 교사, 예비교사, 사교육 관계자뿐만 아니라 학생들에게 공부의 본질을 고찰하고 자신의 상황과 앞으로의 진로를 탐색하는데 도움을 줄 수 있는 내용으로 구성되었다. 또한 중·고등학교의 특별활동이나 대학 교직과목의 부교재로 활용될 수 있도록 구성하였다. 특히 이 책은 이론중심의 학습보다는 학생들의 토론 및 실습을 기반으로 하는 학생중심의 토의 및 토론 활동에 적합하게 구성하였다. 또한 본 교재는 교육과 관련된 우리나라 교육적 특성을 고려하여 내용을 선정하였으며 교양영역과 함께 인문, 사회과학 등 다양한 영역에서 단기간에 활용 가능하도록 집필하였다. 이를 위해 앞 부분에 '주제별 활용법'을 제시하여 처해진 학습상황에 적합하게 챕터 및 주제를 효율적으로 활용할 수 있도록 하였다. 예를 들어, '교육의 본질과 변화 가능성을 알고자 할 때', '공부의 본질을 탐색하고 학업성취 신장 방안을 탐색하고자 할 때', '학생의 어려움을 살펴보고 올바른 지원 방안을 탐색하고자 할 때', '대한민국의 교육현실을 올바로 탐색하고자 할 때'와 같은 소주제를 제시하고 관련 내용을 구체적으로 기술하였다. 아무쪼록 이 책이 일반 성인뿐만 아니라 대학생, 교사, 그리고 대학에서 교직과정을 이수하는 예비교사들에게 도움이 되기를 기대하는 바이다. 또한 이 책이 대한민국의 교육과 공부문화를 바람직한 방향으로 이끌어가는데 도움을 주는 마중물이 되기를 바라는 바이다.

이 책이 독자 여러분에게 대한민국에서의 올바른 공부 방향성 및 교육관을 형성하는데 도움을 줄 수 있기를 기대하는 바이다.

자! 그럼, 함께 들어가 봅시다!

2018년 3월

정한호 씀

| 이 책의 활용법 |

이 책은 공부를 바라보는 시각을 교육의 본질적인 측면, 학생 측면, 학부모 측면에서 다루고 있다. 또한 이 책은 공부에 대한 개념 및 의미에 대한 지식 전달뿐만 아니라 관련 인터뷰, 기사, 질문 등 다양한 내용을 통해 사고할 수 있도록 구성되어 있다. 이 책의 구성, 주요 내용, 활용 방법을 간략히 소개하면 다음과 같다.

내용 구성

본 도서에서는 공부를 교육·학생·학부모 등 세 가지 측면에서 다루고 있다.

모듈1에서는 교육의 패러다임, 교육 변화의 필요성, 사교육의 본질 등 교육적인 측면과 실재감, 지적도식, 발판, 메타인지 등 공부의 핵심요소에 대해서 다루고 있습니다. 모듈1에서는 이를 바탕으로 교육과 사교육, 공부의 핵심 4요소를 기반으로 공부의 실제적인 의미에 대해 탐색하고자 합니다.

모듈2에서는 학생의 꿈, 성적과 꿈, 미래, 성과 등 공부의 실제 주체이며 행위자인 학생 측면과 공부를 수행하면서 겪는 학생들의 어려움과 괴로움을 다루고 있습니다. 모듈2에서는 이를 바탕으로 학생이자 우리의 자녀의 시각에서 공부가 의미하는 바와 문제를 최소화하는 방안에 대해서 고민해 보고자 합니다.

모듈3에서는 학생의 이해관계자인 부모 관점에서 공부, 성적, 양육과 관련된 쟁점을 살펴보고 미래를 위한 교육 변화에 필요한 현실적인 실천 방향을 다루고 있습니다. 이를 바탕으로 학부모 차원에서의 공부의 의미와 자녀 교육에 대처하는 실제적인 방안에 대해 논의해 보고자 합니다.

주요 내용

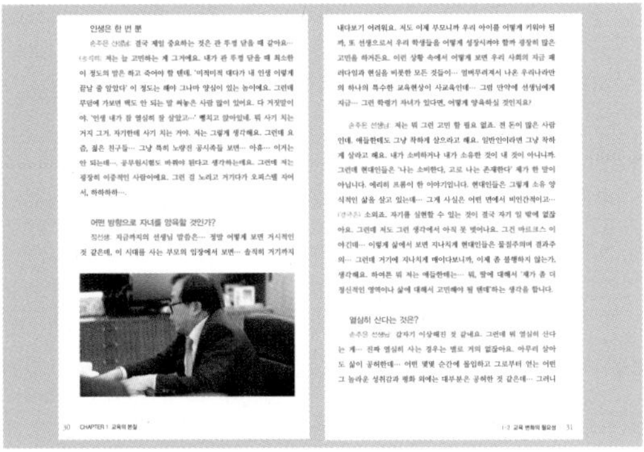

대담형식으로 구성되었으며 교육 및 사교육, 대학교육, 미래교육, 청년의 삶 등 공부와 관련된 현실적 측면의 문제에 대한 해결방안을 제시하고 안내합니다.

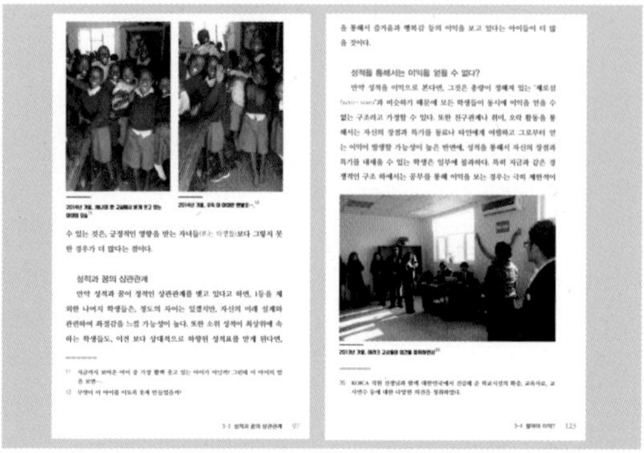

각 쳅터에서 다루고자하는 개념, 지식, 기능, 태도와 관련된 내용을 설명하는 방식으로 구성되어 있습니다.

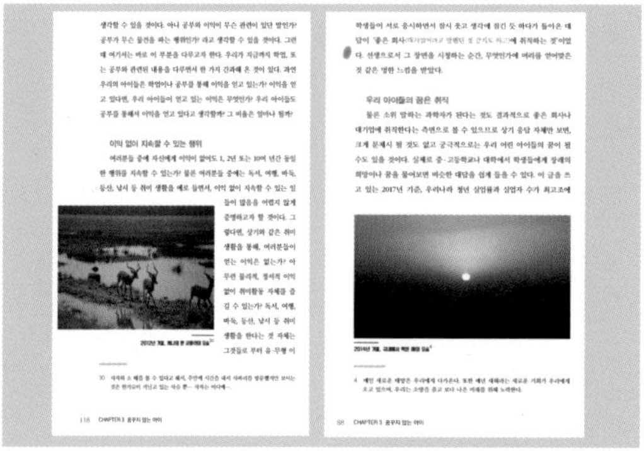

본 도서에서 다루고자 하는 내용과 관련된 실제 문제상황을 제시하여 학습에 대한 흥미를 유도할 수 있습니다.

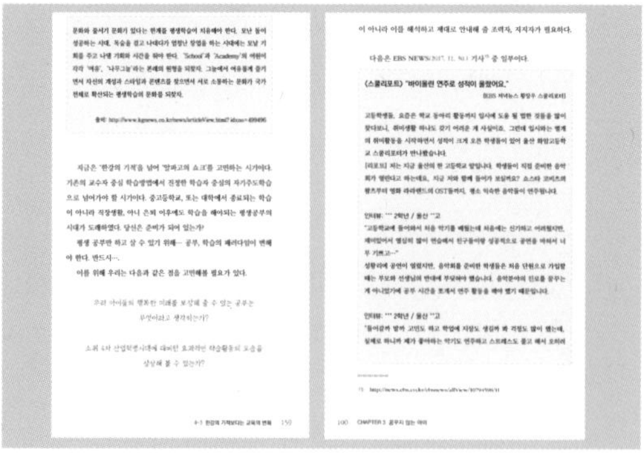

기사에서 제시하는 문제상황을 읽은 후, 자신의 상황과 관련된 질문에 답을 해보게 합니다. 수업에서 활용할 경우, 간단한 토의를 진행해도 좋습니다. 또는 일반 독자의 경우, 주변 지인과 의견을 주고 받을 수 있습니다.

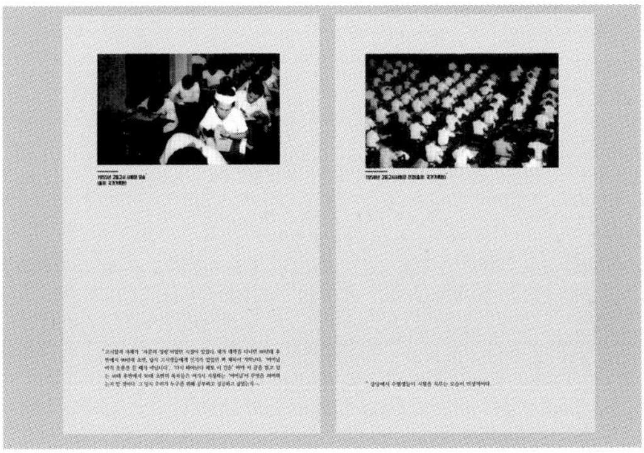

교육과 관련된 국내외 업무를 수행하면서 촬영한 사진과 국가기록원 자료, 일반 사진 자료(URL 표시)를 제시하여 본 도서의 내용을 심도 있게 이해하는데 도움을 주고자 하였습니다. 사진 자료만을 가지고 상호 의견을 교환하여도 효과적일 수 있습니다.

주제별 활용방법

본 도서의 내용은 크게 총 6개 챕터, 23개의 주제로 구성되어 있다. 만약에 본 도서를 대학 강의의 부교재로 사용할 경우 총 6주차의 내용으로 구성되어 있지만 수업 환경 및 상황에 따라 일부만 선택해서 활용할 수 있다.

1. 교육의 본질과 변화 가능성을 알고자 할 때

Chapter 1 교육의 본질	C1-1. 교육의 패러다임 C1-2. 교육 변화의 필요성 C1-3. 사교육의 본질
Chapter 3 꿈꾸지 않는 아이	C3-3. 미래를 위한 교육
Chapter 4 행복하지 않는 아이	C4-3. 한강의 기적보다는 교육의 변화
Chapter 6 부모의 꿈	C6-4. 대한민국 교육시스템의 변화

2. 공부의 본질을 탐색하고 학업성취 신장 방안을 탐색하고자 할 때

Chapter 2 공부의 핵심요소	C2-2. 지적 도식의 재구조화 C2-4. 메타 인지
Chapter 3 꿈꾸지 않는 아이	C3-2. 성적과 꿈의 상관관계 C3-4. 팔아야 이익
Chapter 4 행복하지 않는 아이	C4-2. 홀로 하는 일은 없어도 결국 혼자 C4-4. 첫 문장이 쓰이지 않아서
Chapter 5 부모가 공부를 시키는 이유	C5-3. 공부는 견고한 발판 C5-4. 공부 인지의 확장성
Chapter 6 부모의 꿈	C6-2. 성적과 꿈의 절대적 상관 관계

3. 학생의 어려움을 살펴보고 올바른 지원 방안을 탐색하고자 할 때

Chapter 2 공부의 핵심요소	C2-1. 학습에 대한 실재감 C2-3. 발판
Chapter 3 꿈꾸지 않는 아이	C3-1. 꿈, 그게 뭔데요 C3-2. 성적과 꿈의 상관관계 C3-4. 팔아야 이익
Chapter 4 행복하지 않는 아이	C4-1. 추운데 땀 나고 피곤한데 잠은 오지 않고 C4-2. 홀로 하는 일은 없어도 결국 혼자
Chapter 5 부모가 공부를 시키는 이유	C5-3. 공부는 견고한 발판 C5-4. 공부 인지의 확장성

4. 대한민국의 교육현실을 올바로 탐색하고자 할 때

Chapter 1 교육의 본질	C1-1. 교육의 패러다임 C1-2. 교육 변화의 필요성 C1-3. 사교육의 본질
Chapter 3 꿈꾸지 않는 아이	C3-1. 꿈, 그게 뭔데요 C3-2. 성적과 꿈의 상관관계 C3-3. 미래를 위한 교육 C3-4. 팔아야 이익
Chapter 4 행복하지 않는 아이	C4-3. 한강의 기적보다는 교육의 변화
Chapter 6 부모의 꿈	C6-2. 성적과 꿈의 절대적 상관 관계 C6-4. 대한민국 교육시스템의 변화

이 외에도 다양한 주제의 수업을 할 때 각 쳅터를 선택하여 활용할 수 있다.

|차 례|

Module 1

교육과 공부

CHAPTER

1

교육의 본질

-메가스터디 손주은 선생님과의 대담을 중심으로-

여러분들 중에 아래 기사와 같은 계획을 갖고 있는 경우가 있는가? 혹시 있다면, 그 이유는 무엇인가?

머리 희끗 5060 "이 나이에 또 공부해야 할 줄이야…."[1]

[헤럴드 경제 장세희 기자](2017. 12. 18.)

재취업 위해 자격증 등 스펙 쌓기/ 도서관마다 중장년 수험생 늘어

"좀 더 나은 일자리 위해 책씨름"

"세상에 공부가 재미있는 사람이 어디 있어요. 시험공부는 젊을 때만 하는 건 줄 알았지. 내가 다시 문제풀이 수험서랑 씨름할 줄 알았겠나."

서울 영등포구 양천도서관에서 공인중개사 자격증을 준비하고 있는 한 씨의 나이는 55세이다. 아침 8시부터 저녁 8시까지 도서관에서 책과 씨름한지 2년이 넘었다. 4년 전 아파트 관리소장일을 하기 위해 주택관리사 자격증을 땄지만 직장 구하기는 하늘의 별 따기였다. 지금은 방향을 틀어 공인중개사를 준비 중이다.

혹시 여러분들 중에 아래 기사와 같은 사례를 경험했거나 하고 있는 경우가 있는가?

"경쟁에서 뒤처질까봐…." 한 달 학원비 수백만 원 쓰는 부모들[2]

[헤럴드 경제 이현정 기자](2017. 5. 31.)

- 강남 한 달 평균 사교육비만 130만 원… 전국 6배
- 사교육 양극화 우려 지속… "근본적 방안 필요."

---

1 http://news.heraldcorp.com/view.php?ud=20171218000518

2 http://news.heraldcorp.com/view.php?ud=20170531000251

#1. 서울 강남 ○○동에 사는 직장인 ○모(51세) 씨는 고등학생인 두 아들을 키우는데 허리가 휠 지경이다. 특목고에서 해외유학을 준비하는 자녀들의 사교육비를 감당하기 쉽지 않기 때문이다. 지난해 여름방학동안 아이들을 미국 수능시험인 SAT 학원에 보내는데만 1,000만 원이 들었다. 여기에다 다양한 과외활동을 위한 예체능 계열 과외까지 시키니 사교육비가 천정부지로 올랐다.

#2. 서울 강남 ○○동에 사는 ○모(15세) 양은 오후 5시께 학교수업이 끝나는대로 부리나케 소그룹 학원으로 달려간다. 학생들을 소규모 그룹으로 나눠 가르치는 이 학원은 매일 저녁 학생들의 식사까지 챙겨주며 영어, 수학 등 주요 과목을 가르친다. 주말에도 아침부터 저녁까지 학생들을 붙잡아두고 수업하거나 자습시킨다. 주 6일 운영되는 이 학원의 한 달 비용은 150만 원에 달한다.

우리나라의 고질적인 사교육열풍이 계속되는 가운데 사교육에 지출하는 금액이 점점 커지고 있다. 교육부와 통계청이 지난 3월에 발표한 '2016년 초·중·고 사교육비 조사에 따르면 전국 초중고생 1인당 월평균 사교육비는 25만 6천 원으로 역대 최고치를 찍었다. 1인당 월평균 사교육비가 지속적으로 증가하는 가운데 서울 강남 부모들은 전국 평균 사교육비의 수배에 달하는 비용을 매달 지출하고 있다.

강남구가 지난 1월 발표한 '강남의 사회지표'에 따르면 강남구의 가구당 월평균 사교육비는 130만 원인 것으로 조사됐다. 통계청이 발표한 전국 사교육비 평균의 6배에 달하는 것이다. 월평균 사교육비가 44만 원인 부산보다 3배 가량 많은 액수이기도 하다.

강남의 한 중학교 교사 정모(31세) 씨는 '학생들 70%가 일주일에 하루 이틀을 제외한 매일 학원을 간다'며 '학부모들과 상담해보면 대부분 남들이 다니니까 나도 다녀야 한다는 공통적인 생각을 가지고 있다'고 지적했다.

전문가들은 지역별 사교육비 편차가 커지면서 사교육 양극화도 심해지고 있다고 지적한다.

교육시민단체 사교육걱정없는세상 안상진 부소장은 '대학 입시에서 학생부 전형의 비중이 커지다보니 강남 등 부유한 지역에서는 교과영역뿐만 아니라 돈이 있을수록 유리한 비교과영역에도 최대한 투자하고 있다'며 '이럴수록 사교육 양극화는 심해질 수밖에 없다'고 말했다. 이어 '대학 입시경쟁과 고교서열화 문제를 근본적으로 해결할 수 있는 방안이 시급하다'고 강조했다.

여러분은 교육을 무엇이라고 생각하는가? 특히 대한민국에서의 교육은 무엇인가? 우리는 왜 그토록 교육을 위해 최선을 다하고 있는가? 많은 부모들이 매달 적지 않은 돈을 자식의 사교육에 투자하는 본질적인 이유는 무엇인가? 또한 학창시절에 그렇게 열심히 공부를 하였는데, 대학 졸업 후, 아니 은퇴 후에도, 공부를 계속 하는 이유는 무엇인가?

과연, 대한민국에서의 교육은 무엇이든지 막을 수 있는 방패인가?

이 같은 내용은, 지난 20여 년간 선생으로 생활하면서, 내 머릿속에 계속 맴돌고 있는 핵심적인 문제다. 아마, 이 책을 선택한 여러분들 중에는 교육에 대해 심각한 고민을 가지고 있는 경우도 있지만, 잠시 시간을 내서 서점에 왔다가 제목이 눈에 띄어서 구입한 경우도 있을 것이다. 또는 인터넷 서핑을 하다가 구입한 경우도 있을 것이고….

그런데, 결론부터 말씀드리면, 이 책 어디에도 "대한민국에서의 교육은 무엇이든지 막을 수 있는 방패인가?"에 대한 정답은 없다. 다만, 이 문제에 대해서 함께 고민하고 탐색하며 이를 통해 여러분 각자에 적합한 해답을 찾는 데 도움을 주고자 노력하였다.

자! 그럼, 본격적인 탐색을 시작해보도록 하겠다.

1-1

교육의 패러다임

대한민국 교육은 국가주도의 공교육과 교육시장 중심의 사교육을 바탕으로 이루어진다고 해도 과언은 아닐 것이다. 물론 공교육은 공교육대로, 사교육은 사교육대로 장단점을 지니고 있으며 최근에는 장점보다는 단점, 아니 문제점이 더욱 부각되고 있다. 특히 사교육의 경우, 부모의 경제력에 기반을 두는 경향이 높기 때문에 하나의 사회현상, 문제로 대두되고 있는 실정이다. 또한 공교육의 경우도, 급변하는 시대와 교육환경의 변화에 제대로 대처하지 못하고 있으며 공교육 본연의 목적에 다소 미흡하다는 비판이 제기되고 있는 실정이다. 그러나 여기서는 대한민국의 공교육과 사교육에 초점을 두고 각 교육시스템의 장단점을 논의하기보다는 대한민국의 교육이라는 커다란 틀, 그 중에서도 우리 아이들과 관련된 내용을 심도 있게 다루고자 한다. 다만, 본 장에서는 지난 20년 간 공교육 기관에서 선생으로서의 역할을 수행해온 저자의 시각을 일부 보완해보고자, 국내 사교육의 핵심적인 인물의 시각을 통해 우리 아이들과 관련된 교육을 살펴보기로 하겠다.[3] 이에 우리나라 온라인 사교육의 1세대 창업자이자 (현)메가스터디그룹 회장인 손주은 선생님과의 대담(2016. 2. 15.)을 다루도록 하겠다.

사교육의 패러다임

손주은 선생님: 왜 이런 연구를 하는 건가요?[4]

정 선생[5]: 사교육이 무엇인지 정말 모르겠어요. 아니 우리나라 교육의 현 모습을요. 그런데… 사교육에 대한 선생님의 철학 같은 경우는 사교육을 교육의 하나로 보고 계신데… 현 교육 상황은 그렇지도 않은 것 같고… 하지만 자녀를 둔 부모들은 또 다른 시각에서 접근을 하고 있고…. 그러다보니 많은 가정이 사교육 때문에 분란이 일어나고 있습니다.

손주은 선생님: 이제 저는 이 현상을 역사적 통찰력을 가지고 어떤 시간에 흐름 속에서 보고 싶습니다. 지금 부모 세대들의 학번은, 자녀가 고3이거나 하는 학부모들은, 성장기의 그 끝자락이나 그거보다 조금 더 앞부분의 과실을 먹어본 사람입니다. 하지만, 저 성장기의, 특히 IMF 이후에 대학 졸업하거나 저 성장기에 있는 30대 초반, 지금 막 결

3 본래, 사회과학탐구영역의 1타 강사인 손주은 선생님과 더불어 언어영역의 1타 A 선생님, 수학영역의 1타 B 선생님도 함께 인터뷰하였으나 여러 사정으로 인해 손 선생님의 인터뷰만 게재하기로 하였다. 또한 여기에서의 1타 강사 선정 기준은 주변 지인과 저자의 개인적인 판단에 따른 것으로 큰 의미는 없음을 밝히는 바이다.

4 모든 대화내용은 대화의 본질을 훼손시키지 않는 범위 내에서 문맥에 맞게 수정하였다. 일부 내용의 경우, 저자의 견해와 상반되거나 전혀 동의할 수 없는 내용도 있었다. 이와 더불어 다소 거친 표현도 있었으나 우리나라 교육을 바라보는 하나의 시각일 수 있으므로 가능한 있는 그대로 기술하였다.

5 이후 정선생으로 통일해 쓰도록 하겠다.

혼하는 친구들, 이런 친구들은 세상을 살아가면서 사교육에 대한 생각이 바뀐다는 거예요. 대한민국이, 그러니까 사교육이라는 것이 지금의 문제로 볼 때는 그렇게 보여요. 그런데 길게 보면 분명히 사교육은 그 특수성으로 인해 분명히 제한될 겁니다. 후대의 역사가들은 지금의 이런 현상을 한국적 특수성에 바탕을 둔 30~40년간의 사교육 현상으로 기록할 겁니다.

사교육의 기원은 고려 사학?

손주은 선생님: 사교육이 크게 영향을 미쳤던 사례가 우리 과거에도 있었어요. 우리 고려가 상당히 보수화되고 권문세족들이 날뛰는 시기로 들어가면서 사학이 아주 융성했던 시절이 있었죠. 그래서 고려정부가 강력하게 사학[6]을 견제하기 위해서 관학을 채웠었거든요. 사회가 보수화될 때는 그렇게 갈 수밖에 없다는 거예요. 저는 교육이라는 것 자체가 후행지수지 선행지수라고 생각하지 않아요. 그래서 고려 때는 그게(사학) 아주 강했고. 그러다가 새로운 시대가 열려서 조선이라는 역사적인 발전을 할 때 일반 공교

고려시대 최초의 사립학교 9재 학당[7]

6 고려시대의 학문은 문종 때 가장 번성하였다고 한다. 그런데 그 당시는 국자감 등의 관학(지금의 공교육시스템이라고 볼 수 있음)보다 유명 학자들이 세운 사학이 더욱 융성하였다. 그 중 유명사학으로 최충의 문헌공도, 사학 12도 등이 있었다. 이에 고려 조정에서는 사학이 융성하고 관학이 부진하자 국자감 강화(숙종, 최충의 문헌공도 시스템을 일부 모방), 향교(인종)를 설립하였다.

7 http://koc.chunjae.co.kr/upload/1128/1128_174525_161813_1.JPG.

육(관학 등) 중심으로 갔던 거죠.

교육의 패러다임은 반드시 바뀐다!

손주은 선생님: 그러다가 조선 사회가 안정화 되고 보수화되니까 사림이 지배하고, 또 서원과 같은 형태로 가면서 기득권 유지 수준으로 간다는 것이죠. 지금의 교육이 기득권 유지수준으로 아직은 가지는 않지만, 곧 그런 변화로 갈 가능성이 높고 분명히 대학들은, 한국 사회가 더 보수화된다면, 저는 이제 더 이상 보수화 되면 안 된다고 생각하는 사람인데, 더 보수화 된다면, (분명히) 대학 입시가 바뀔 거라고 생각해요. (기존 수능이나 내신이 아닌 다른) 이런저런 (방식으로 입시 요강을 세우고) 뭔가 다른 방식으로 (신입생을 모집하면서) 말이에요. (지금도 일부) 대학들이 서서히 그런 모습들을 보이는데, 그럴 때는 사교육이 별로 기능을 못할 거예요. 이전 30~40년 동안의 대한민국 사교육은, 하나의 보편적인 사회현상이지 않았나 생각합니다. 그런데 지금 대치동으로, (특목고, 자사고) 외고 등의 특정한 학교로, 이런 식으로 가는 게 어쩌면 그 모습으로 가는 과도기 일 수는 있죠. 왜냐하면 지금의 방식으로 계속 가면 사회가 위험해진다고 저는 생각해요. 위험해지고…. 그런데 한국 사회에서의 현재와 같은 모습의 교육방식은 바뀔 거라고 생각해요.

산업혁명시대의 교육방식은 사라진다!

손주은 선생님: 왜냐하면 산업혁명을 통해서 인간의 존재방식이, 그리고 교육이 바뀌지 않았나요? 그 이전에는 토지 생산량에 맞게끔 인간이 곳곳에 편재되어 살았기 때문에 교육이 그렇게 중요하지는 않았죠. 똑같은 농경사회, 변함없이 생산하고 먹으며 살아갔죠. 일부 지배층들의 기득권 관리를 위한 교육체제였어요. 보통 사람들을 위한 서민교육이라는 건 별로 없었거든요. 그런데 산업화 과정이 되면서 인간

의 존재방식이, 대량생산을 하며 한 곳에 모이는 도시화라는 것이 생겨났고 인구가 백만이 넘게 많아지니까 새로운 질서가 필요했고, (그리고) 신사회에 따른 신교육, 보편교육 등이 중요해진 거죠. 그래서 근대 또는 현대의 교육시스템이 나왔는데, 지금 이 사회에서는 (과거와 같은 모습) 그대로 존속 하지 않을거다, 이거죠. 탈산업은 이미 시작됐고, 우리가 전혀 새로운 사회로 간다라고 생각했을 때 교육시스템 또는 현재의 사교육 현상은 분명히 바뀔 거예요. 교육의 본질이 상당히 바뀔 거예요.

1-2

교육 변화의 필요성

앞으로의 삶에 적합한 기존과 다른 새로운 교육방식

손주은 선생님: 저는 인간의 생존 모습 자체가 바뀐다고 보거든요. 또 이제 생각하는 인간이 아니라 전혀 다른 인간이…. 그러면서 삶의 방식이 바뀌지 않을까? 인류의 역사를 봤을 때 생산을 통해 필요한 것을 직접 얻는 행위는 얼마 안 되었다고 생각해요. 그 이전에는 생산이 아니에요. 약탈이었잖아요. 그러면서 하루 사는 거였는데 농경이 시작되고 자본주의가 되었죠. 여기서 중요한 것은 생산의 개념인데 이제 인간의 직접적인 행위로 인한 생산이 더 이상 필요 없는 세상으로, 어쩌면 인공지능 같은 인간의 행위가 아닌 생산으로 갈 가능성이 있으니까, 앞으로 인간의 존재방식과 교육시스템은 생산에 맞추어져 있는 산업혁명시대의 교육시스템이 아닐 겁니다. 어쩌면 지금의 교육방식은 순식간에 바뀔 수도 있죠. 제가 살아온 인생을 놓고 보면 상상하지 못할 정

도로 빠른 속도로 바뀌었어요. 왜냐하면 제 고향이 시골이니까 중학교 때는 전화 한 번 하려고 하면 다이얼 돌려서 신청해서 30분을 기다려야 했어요. 그런데 고등학교 2학년 땐가 3학년 땐가 직통 디디디(DDD)가 나온 거죠. 바로 눌러서 0551 누르고 우리집 번호 누르면 바로 연결 돼. 그 당시에는 참 세상 혁명이야 집 전화를 20분, 30분 기다리다가…. 그러면서 대학교 때는 그런 상상을 했거든요. '앞으로 휴대전화도 나올 수 있겠네, 정말 놀랍겠는데' 그런데 제가 92년인가 휴대폰을 처음 샀거든요. 그런데 그때만 해도 신세계였는데, 지금처럼 스마트폰에 모든 지식이 다 들어갈 거라고는 상상 못했죠.

장거리 자동전화(DDD) 관련 자료

다음은 중앙일보(2014. 3. 26.) 기사[8] 중 일부이다.

스마트폰은 상상도 할 수 없던 때…

안전행정부 국가기록원이 3월의 기록 주제를 '장거리 자동전화(DDD) 시대가 열리다!'로 정했다. 1971년 3월 31일 서울과 부산 간 장거리 자동전화(DDD, Direct Distance Dialing) 개통일을 맞아 서울중앙전화국을 비롯하여 광화문, 인천전신, 대전 등 각 지역 전화국 개통식 등 관련사진을 공개한다. 사진 및 관련 기록물은 26일부터 홈페이지(www.archives.go.kr)를 통해 볼 수 있다. [사진 국가기록원]

8 http://news.joins.com/article/14259317

출처: http://news.joins.com/article/14259317

기대에 못 미치는 공부의 결과

손주은 선생님: 그런데 스마트폰은 없어질 거거든요. 곧 없어질 거 아닙니까. 이제는 wearable을 넘어서서 우리가 어떤 생각을 하는 것만으로도 현실의 눈앞에 왔다 갔다하는 세상이라든지… 그러니까 지금 같은 대학 진학에 대한 고민을 보면 안타까운거예요.

그리고 대학생은 취업을 하려고 하죠. 그런데 실제로 꽤 똑똑한 애들 중에요, 옛날 제자들 중에 외고나 과학고… 꽤 많이 있었거든요. 그런데 그 아이들이 대학 졸업하고 그리고 지금은 30대 중반이 된 그런 애들이 엄청 좌절감을 느끼고 있어요. 실제로 대학교 때 자기가 그렇게 공부 잘했는데 기업에 들어가고 질리는 거야. 그 아이들이 생각하기에 정말 택도 없는 선임자들이 자기보다 높은 자리에 앉아있거든. 그

선임자들이 입사할 때는 약간만 공부해도 해당 회사에 들어갈 수 있었어요. 그런데 지금은, 지금은 꽉 찬데다가 더 이상 기업은 성장하지 않는데, 다 못 올라가는데, 택도 아닌 사람들이 앉아 있고, 월급이라고는 받아봤자 기대보다 너무 적고. 결국 그렇고 보니까, 이런 이야기를 많이 해요. 내가 아빠를 잘 못 만난거다…. 쟤는 별로였는데 집안의 경제력 때문이다….

강남 애들이 거의 이래요. (그것도) 강남 애들이. 꽤 중산층 사는 애들이.

공부를 너무 잘해도

손주은 선생님: 또 어떤 애들은 자기 인생을 이렇게 살아서는 안 되겠다고 저한테 상담하러 오거든요. 제자들 자주 만나요.

"너 뭐하고 싶은데?" 물으면, 작가가 되고 싶대요. 원래 꿈은요. 그런데 재수 없게 공부를 너무 잘해가지고 ○○외고 나오고 ○○대 나오고, 시험이란 시험은 무조건 다붙고, 그래서 뭐 K○로 들어갔다, C○로 들어갔다, 대기업 들어갔다, 자기 마음대로 옮겨 다니는 거죠. 그런데 이게 자기 인생 아닌 것 같대요…. 허참… 자기가 공부를 좀 못했으면 진짜 작가로 일찍 성공했을 것 같대요. 그 중에서 회사를 때려치우고 방황하니까 집에서는 돌았다고 하고, 그러다 스트레스 받아서 아예 혼자 나와서 알바해서 고시원에서 한 달에 70~80만 원 벌어 가지고 생존하면서 승부 걸겠다고 한 놈도 있어요. 그런 애들이 앞으로 더 나올 가능성이 있어요. 우리는 88세대라고도 일부 표현하지만 이 88만 원 세대가 분명히 비극적인 거지만, 또 어떻게 보면 그러니까 옛날보다 생계 자체가 불가능한 세상은 아니거든요. 어쨌든 저는 젊은이들이 안정적인 일자리를 찾기 위해서 몸부림 치는 게 안타까워요. 딱 한 번뿐인 인생인데….

인생은 한 번 뿐

손주은 선생님: 결국 제일 중요하는 것은 관 뚜껑 닫을 때 같아요…. (솔직히) 저는 늘 고민하는 게 그거에요. 내가 관 뚜껑 닫을 때 최소한 이 정도의 말은 하고 죽어야 할 텐데. '미적미적 대다가 내 인생 이렇게 끝날 줄 알았다' 이 정도는 해야 그나마 양심이 있는 놈이에요. 그런데 무덤에 가보면 택도 안 되는 말 써놓은 사람 많이 있어요. 다 거짓말이야. '인생 내가 참 열심히 잘 살았고…' 뻥치고 앉아있네. 뭐 사기 치는 거지 그거. 자기한테 사기 치는 거야. 저는 그렇게 생각해요. 그런데 요즘, 젊은 친구들… 그냥 특히 노량진 공시족들 보면… 아휴… 이거는 안 되는데…. 공무원시험도 바꿔야 된다고 생각하는데요. 그런데 저는 굉장히 이중적인 사람이에요. 그런 걸 노리고 거기다가 오피스텔 지어서, 하하하하….

어떤 방향으로 자녀를 양육할 것인가?

정선생: 지금까지의 선생님 말씀은… 정말 어떻게 보면 거시적인 것 같은데, 이 시대를 사는 부모의 입장에서 보면… 솔직히 거기까지 내다

보기 어려워요. 저도 이제 부모니까 우리 아이를 어떻게 키워야 될까, 또 선생으로서 우리 학생들을 어떻게 성장시켜야 할까 굉장히 많은 고민을 하거든요. 이런 상황 속에서 어떻게 보면 우리 사회의 지금 패러다임과 현실을 비롯한 모든 것들이… 얼버무려져서 나온 우리나라만의 하나의 특수한 교육현상이 사교육인데…. 그럼 만약에 선생님에게 지금… 그런 학령기 자녀가 있다면, 어떻게 양육하실 것인지요?

손주은 선생님: 저는 뭐 그런 고민 할 필요 없죠. 전 돈이 많은 사람인데. 애들한테도 그냥 착하게 살으라고 해요. 일반인이라면 그냥 착하게 살라고 해요. 내가 소비하거나 내가 소유한 것이 내 것이 아니니까. 그런데 현대인들은 '나는 소비한다, 고로 나는 존재한다' 제가 한 말이 아닙니다. 에리히 프롬(Erich Fromm)이 한 이야기입니다. 현대인들은 그렇게 소유 양식적인 삶을 살고 있는데… 그게 사실은 어떤 면에서 비인간적이고…. (결국은) 소외죠. 자기를 실현할 수 있는 것이 결국 자기 일밖에 없잖아요. 그런데 저도 그런 생각에서 아직 못 벗어나요. 그건 마르크스(Kral Marx) 이야긴데… 이렇게 삶에서 보면 지나치게 현대인들은 물질주의며 결과주의… 그런데 거기에 지나치게 매이다 보니까, 이제 좀 불행하지 않는가, 생각해요. 하여튼 뭐 저는 애들한테는… 뭐, 딸에 대해서 '쟤가 좀 더 정신적인 영역이나 삶에 대해서 고민해야 될 텐데'하는 생각을 합니다.

열심히 산다는 것은?

손주은 선생님: 갑자기 이상해진 것 같네요. 그런데 뭐 열심히 산다는 게… 진짜 열심히 사는 경우는 별로 거의 없잖아요. 아무리 살아도 삶이 공허한데…. 어떤 몇몇 순간에 몰입하고 그로부터 얻는 어떤 그

놀라운 성취감과 평화 외에는 대부분은 공허한 것 같은데…. 그러니까 딱, 가장 최고의 성취와 평화를 느끼는 경우라면, 어떤 공부를 해서 '아! 이거다'라는 깨달음이나, 아니면 연애할 때나… 몇 가지 밖에 없는 것 같은데, 삶에서.

1-3

사교육의 본질

사교육에 대한 철학

정 선생: 선생님께서 생각하는, 사교육의 철학은 무엇인가요?

손주은 선생님: 사교육의 철학? 아! 제가 가지고 있는 교육에 대한 철학… 사교육 철학보다는 저는 대부분 교육에 대한 생각을 얘기합니다. '사교육이다, 공교육이다'라는 이 구분 자체가 한국적 특수성의 산물이라고 생각하는 사람입니다. 그리고 시간이 지나면 이런 공교육, 사교육에 대한 구분은 반드시 없어진다고 생각해요. 저는 그렇게 생각하는 사람입니다. 그렇기 때문에 사교육의 철학이라는 것은 저한테 존재하지 않고, 내가 사교육에 있었지만은 '내가 사교육 한다'라고 생각하면서 교육은 안 했어요. 물론 내가 비즈니스는 분명히 했죠. 그런데 내가 교육하는 순간은 '난 사교육 한다'라고 생각하지 않았어요. 저는 '교

육한다'고 생각했고 그래서 학생들한테… 물론, 그 과정에서 장사의 논리도 중간중간 숨어들어 있었던 것은 사실이에요. 그러나 그것은 부차적인 것이지, 그게 중심이 될까 싶어서 저는 항상 제 자신을 경계했어요. 그래서 학생들을 강의할 때 무슨 얘기를 했냐면, 항상 진실을 얘기했어요.

사교육의 본질

손주은 선생님: 제 강의를 혹시 들어보셨는지 모르겠는데, '내 강의 듣고 성적 올라가야겠다고 생각하는 놈은 미친 ××다'라고 생각해요. 나는 내 강의가 성적 올린다고 절대로 생각을 안 해요. 사교육 종사자들은 자기 강의만 들으면 성적 올라간대…. 나는 이게 이해가 제일 안 가는 거야, 어떻게 강의가 성적을 올려? 학생이 노력을 해야 성적이 올라가지! 그리고 첫 시간에 꼭 하는 이야기가, "고3 올라와서 성적 올라가길 바라는 놈은 미친 ××다. 혹시 들어봤는가? 고3 절대 성적 안 올라간다. 공부를 하는 게, 응? 너만 열심히 하나, 너보다 잘하는 놈은 훨씬 열심히 하는데 상식적으로 생각해봐라. 어떻게 성적이 올라가나." 저는 사교육이 사기라고 선언하고 있는 거죠. 학원 강의는 본질적으로 어떤… (그러니까) 대학 진학에 대한 과도한 열망, 목표… 이런 과정에서 통하게 되어 있는 일종의 아주 고급진 영양제? 또는 건강식품, 사교육도 몸에 좋다고 생각하는 드링크제 같은 것과 (심리적으로) 비슷한 거죠.

사교육은 불만 없는 상품

사교육은 효과가 없어도 별 불만이 없는 상품이에요. 만병통치약이 그렇잖아요. 열 명 먹어서 한 명만 나으면 만병 통치약이 돼요. 약 먹고 안 나은 사람은 조용히 있기 때문에, 약 먹고 나은 사람이 떠들고 다니거든요. 학원 강의도 똑같아요. 열 명 들어서 한 명만 성적 오르면 걔는 떠들고 다니고 나머지는 조용하거든요. 그걸 냉철하게 보지 못하면 선생도 속아요. 자기 강의 듣고 다 성적 올라가는 줄 알고… 침묵하는 다수한테 찾아가서 이야기 해봤냐 이거에요. 내 강의 듣는 학생한테… 안 했거든요. 와서 '성적 올랐습니다'라고 이야기하는 제자들 얘기만 듣고 성적 올라갔다고 자기를 속이고 있는 거예요. 그래서 저는 사실대로 이야기를 하고 강의를 합니다. 강의할 때 그렇게 했는데, 최근에는 많이 바뀐 거죠. 보니까 온 세상이 많이 바뀌어버린 거예요. 제가 강의하던 시절과 강의 끝나고 나서 보니까, 사교육 자체에 사회적 효용은 이제 시효가 다 되었고, 이것은 이제 특정 계층의 사교육으로 한정되고 있고, 세상이 바뀌고 있으니까, 그래서 어떤 기자가 질문했을 때 저는 그런 이야기를 했습니다. "생각이 바뀌었습니다. 세상이 바뀌었습니다."

사교육에 대한 이런저런 이야기

정 선생: 실은 여기 오기 전에 출판사 관계자와 얘기했는데, 선생님 인터뷰가 이 책의 스타트입니다. 제가 출판사에 '선생님부터 시작을 해야 이 책을 쓰겠다'고 했어요. 저의 소견으로 선생님은 사교육의 상징적인 존재이기 때문에, 우리나라의 교육, 또는 공부를 논하기 위해서는 반드시 손주은 선생님과 먼저 이야기를 나눌 필요가 있다고 생각했어요. 우리나라 국민 중에서, 특히 학부모 중에서 대한민국의 교육에 대해 관심 없는 분은 없을 거예요. 지나치게 관심이 많아서 문제가 될 정도라고 생각합니다. 이로 인해, 교육에 대한 다양한 시각이 존재하고 또 사교육에 대해서도 다양한 입장이 있습니다. 이 모든 것들이 하나의 커다란 흐름을 이루어가면서 같이 움직인다고 생각해요.

손주은 선생님: 감사합니다. 그런데 제가 (사전에) 듣기로는 '사교육을 상당히 순기능적인 측면에서 바라보는 책을 만들겠다고 이야기 하신다'길래… 그래서 제가 인터뷰를 하겠다고 한 겁니다. 안 그랬으면 안 하겠다고 했어요. 내 생각을 이야기하고 싶었습니다. 인터뷰에 응해 드린게 아니고 혹 제 나름의 어떤 소신이 있어서요.

정 선생: 그런 측면이 분명이 있지만 저는 이것이 국내 교육의 하나의 축이라고 생각이 됩니다. 물론 사교육의 범위가 너무 넓고 이로 인해 부작용이 발생하고 있기 때문에 문제가 발생하고 있다고 생각됩니다. 그리고 반드시 이러한 사교육의 병폐는 반드시 없어져야 하고요. 그런데 제가 수업시간에 대학생들에게 "공교육시간에 좋았니? 사교육시간에 좋았니?" 물어보면 학생들의 반응이 다양하게 나타나요. 물론 70%로 정도는 사교육에 따른 문제점과 폐해를 이야기 하는데… 한 30% 정도의 학생들이 학원에서 더 많은 것을 배웠다는 거예요. 그런데, 그 학생들 이야기를 들어보면, 성적이 올라간 측면이 아니라 인성적인 측면에서 좋았다는 거예요. 저는 일부이기는 하지만 그런 측면에서의 사교육의 영향도 간과할 수 없다고 생각합니다. 물론 사교육의 폐해는 우리는 모두가 나서서 반드시 해결해야 될 문제입니다. 선생님께서도 도와주시면 고맙겠습니다.

이후 사교육에 대한 문제, 해결방안, 공교육의 방향 등을 이야기했다.

앞으로의 사교육 → 정말 개인을 위한 교육?

손주은 선생님: 한국사회가 도덕성이나 신뢰성이 한 차원 더 올라가면 사교육의 본질도 많이 바뀌고 교육의 본질도 바뀔 거예요. 그게 참

안타까운 거예요. 그리고 그렇게 신뢰가 더 올라가고 정직한 사회가 되면, 그러면, 교육을 놓고 지금처럼 공교육이다 사교육다 뭐 이런 단어는 굳이 안 쓰게 되겠죠. 지금은 뭔가 신뢰가 없는 사회다 보니까요. 앞으로, 보다 정의롭고 한 단계 성장한 사회가 되면 없어질 겁니다. 저는 머지않아 그렇게 될 거라고 생각합니다. 그렇게 될 때, 기업차원에서 교육 콘텐츠 개발이라든지, 시설이라든지, 여러 쪽에 투자하면 훨씬 더 생산적일 수 있거든요? 그러면 대화가 오가고 협업을 할 수도 있는데… 그러면 훨씬 더 좋은데 우리나라는 딱 무슨 자격 또는 뭐 허가 아니면 준칙, 이런 걸로 공교육한테 엄청난 독점권을 줘버린 거거든요. 독점권을 주니까 열심히 안 하는 거죠. 뭐 어떤 면에서 평생교육원 이런 것들도 효율적으로 운영하면 엄청 괜찮은 교육 프로그램이 나올 수 있는데…. 미국 버클리나 이런데 보면, 엄청 잘 돼 있던데, 우리나라는 평생교육, 대충 그냥 대학들의 부가 수입으로 되고, 좀 그렇지 않습니까?

정 선생: 네, 그렇죠. 그런데 저의 짧은 소견으로는 이제 직장인을 대상으로 하는 평생교육이 대학의 수입원에서 다 제외가 될 거예요. 왜냐하면 대학, 진학률 자체가 의미가 없어지면서… 예전에는 대학을 못 간 사람들이 직장을 다니면서 학위를 취득하기 위해 평생교육원에라도 가서 학위를 취득했는데, 지금 학사학위 취득보다는 새로운 자격증이나 기술, 이런 것과 관련된 프로그램이 인기가 높거든요. 그런데 대학에서는 급변하는 사회에 적합하고 시류에 맞는 교육프로그램을 그때그때 개발하기가 어렵죠.

대학에서의 평생교육 변화의 필요성

손주은 선생님: 아이, 그러니까 (우리 대학들은) 별로 안 하고 있는 모양인데, 외국을 보니까 대학들의 평생교육 강의내용들이, 정말로 필요한 것들을 잘 제공하고 있더라고요.

정 선생: 그래서 우리나라도 '사회교육대학'이라는 명칭으로, 이전의 평생교육과는 다른 대학교육 시스템을 운영하고 있는 것으로 알고 있습니다. 제가 듣기로는 재직자 과정을 만들어서, 고등학교 졸업 후 취업을 한 아이들이 3년 지나면, 대학에서 공부할 수 있도록 한 제도인 것 같습니다. 이처럼 지금은 대학에 진학하는 방법도 다양해지고 있고요. 그럼에도 학령기 학생의 대학 진학률은 점차 감소하고 있어요. 선생님도 아시는 것처럼, 사회가 변하고 있습니다. 물론 대한민국에서의 대학교육은 중요하다고 생각합니다. 그러나 대학교육이기 때문에 그 자체로 중요하고 가치 있다고 여기는 풍조는 거의 사라졌다고 생각해요.

손주은 선생님: 그래서… 그제인가? 장관하고 이야기하면서… 그 분

이 저를 부른 것은 바로 사교육 때문에… 사교육비 절감 안을 좀 물어보려고 했거든요. 그래서 제가 팁도 드리고 하면서 또 이런 얘기를 했어요. 우리나라 현재[9] 초등학생, 중학생 어머니들이 잘 몰라서 그러는데, 지금 중학생 정도 되는 아이들이 직장을 구할 때는 회사에서 서로 모셔가는 사회가 됩니다. 왜냐하면 지금 현재… 올해 우리나라의 생산가능 인구 15세부터 64세 인구가 대한민국 건국 이래 최대 피크입니다. 3,700만 명 정도 되는 것으로 알거든요. 이게 2050년에는, 2,300만 명으로 준다고 합니다. 그러면 지금부터 30년 안에 1,400만 명이 줄어드는 거거든요. 그러면 비율자로 잘라 계산해보면요. 그리고 지금 중학생들이 사회 진출하는 데 한 10년에서 15년 걸린다고 보면, 그때는 생산가능 인구가 2,800만 명, 혹은 2,900만 명…. 사람을 못 구해요. 지금은 기업들이, 일자리가 남아돈다고 하지만, 지금 베이비붐 1차, 2차, 70년대 초반까지가 확 나오면요. 사람을 못 구해서… 다 외국에서 모셔야 하는데… 그때는 일을 할 사람이 없어서 난리를 칠 수도 있는데…. 얘들이 왜 열심히 공부를 하냐 이거에요. 그 땐 대학 졸업하면 기업이 모셔 갈 건데.

지금 젊은이들의 앞으로의 삶

정 선생: 그런데 재미있는 현상이 지금 이제 서울에 있는 이공계 대학원, 제가 몇몇 교수들에게 들었는데… 인문계 대학원은 아직 어느 정도 유지가 되는데… 이공계, 공대는 공부하기도 쉽지 않고 그래서 교수들 중에는 방학 때 동남아, 중국 등을 돌면서 학생모집을 하는 경우

9 2016년 2월 기준.

도 있다고 해요.[10] 물론 제가 직접 듣기보다는 전해 들은 이야기기 때문에 신빙성이 없을 수도 있지만…. 지금 이것이 우리나라의 현실입니다. 제가 미국에서 포닥(Post doctor)할 때도, 제가 있는 대학원에서, 이공계의 경우는 주로 중국이나 인도의 우수한 인재를 데리고 오더라고요. 우리나라 대학도 그런 식으로 변화될 가능성이 높은 것 같습니다. 거기에 인구는 점차 줄어들고….

손주은 선생님: 그러니까 인구의 왜곡이 심한 사회거든요. 한국 사회가 인구 정책을 잘못 쓴 것도 있고…. 6·25라는 특수한 전쟁 상황을 거치면서, 베이비붐 세대들이 아직은 꽉 차있는데, 곧 순식간에 빠지거든요. 1,000만 명이. 그러면은 그럼 지금 대학생들은 다…. 지금 대학생들은 가장 불행한 세대예요.

(본 인터뷰를 도와주는 대학생 2명[11]을 가리키며) 이 학생들은 어쩌면 나이 들어 은퇴할 때까지 한 번도 행복해질 수 없을 수도 있어요. 생활과 관련해서… 지금의 인구구조가…. 우리는 지금 그런 세상에 사는 거예요. 왜냐하면 그래서 요즘 SF라고, 거기에 좀 관심을 가져봤어요. SF. 사이언스 픽션 말고 소셜 픽션이라고 해서 사회적 상상력을 가지고 쓴 소설이에요. 작년부터 포럼도 상당히 많이 열리고 있는데, SF에서 예상한 게… 작년에 경희대에서 재미있게 포럼하고 경진대회를 하면서 나온 삽화가 있어요. 그거 보면 2050년을 가상해서…. [중략]

10 [중부일보 2017. 11. 15] "이공계 엑소더스… 7년후 21만명 부족", [중략] 서울대 공대 대학원의 올해 후기 석사과정 모집에서 사상초유의 미달사태가 나왔다. 지난 4월부터 6월까지 진행된 서울대 공대 대학원 후기 석사과정 지원자 모집은 0.96대 1의 경쟁률을 보였다. 석·박사 통합과정의 경우 평균 경쟁률 0.76대 1, 18개 학과 중 12곳이 미달됐다. 석사, 박사, 석·박사 통합과정의 입학 경쟁률을 합하면 0.89대 1로 사상 최저치를 기록했다.

11 총신대 학부생 두 명이 동 인터뷰 녹취 및 사진촬영을 도와주었다.

탑골공원에는 완전히 사람 발 디딜 틈이 없는 거야. 왜냐하면 현재 우리나라 65세 이상의 인구가 한 13.5% 밖에 안 되는데 이게 2060년에 가면 40%가 돼요, 40%! (대학생들을 가리키며) 자네들은 2060년까지는 살 거 아니야. 그러니까 자네들은 열심히 일해 봤자 다 늙은 사람들 먹여 살리다가… 이제 좀 은퇴할 나이 쯤 되면 그분들이 한꺼번에 지구를 많이 떠나. 베이비붐 세대들이 한꺼번에 가니까. 조금 이제 은퇴하고 살까 할 때쯤 되면 약간 풀릴지도 모르겠지만 그때까지는…. 그래서 2050년 되면 직장인의 월급명세서를 SF에서 뭐라고 예상했냐면, 기본급의 20%가 건강보험료로 나가, 한국사회를 유지하기 위해서, 그러고 나머지 이제 80% 중에서 40%~50%는 세금. 그러니까 자네들은 행복한 어린 시절 보냈잖아, 그래도. 고도 성장기의 혜택을 누렸거든. 그런데 지금부터 죽을 때까지는 고생. 그거는 한국사회의 특수성을 여러 면에서 이해를 해야 되는 거니까, 그런데 반대로 지금 중학생들은 사실은 그럴 필요 없는데, 놀고 있어도 취업되고. 그때는 사람이 부족하거든. 그러니까 결국은 한국사회의 상당 부분을 인구학적인 측면에서 바라봐야 한다고 저는 생각합니다. 제가 좀 잡다하게… 원래 사회강사라서….

CHAPTER

2

공부의 핵심 요소

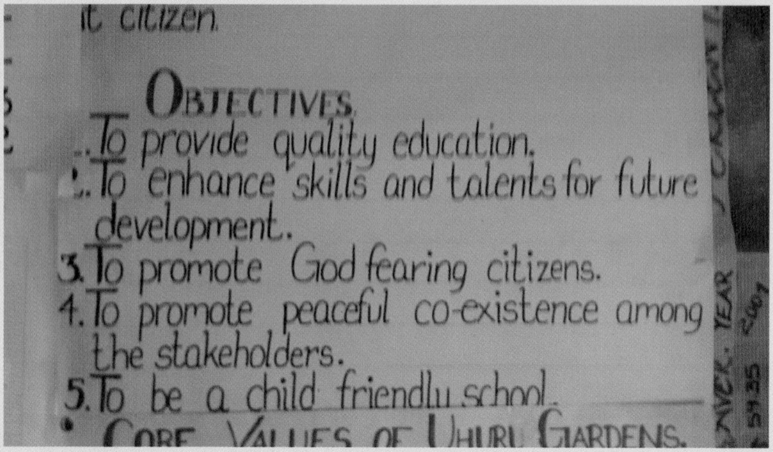

2013년 여름, 케냐의 한 초등학교에 방문했을 때 눈에 띈 교육목표

교육의 목적, 또는 목표는 무엇인가?

대한민국이 이렇게 교육에 몰두하는 이유는 무엇인가?

왜 우리 교육은 우리 아이들을 힘들게 만드는 것일까?

정말 우리 아이들은 교육 때문에 힘든 것일까?

우리는 아이들이 공부를 잘 하지 못한다는 말을 할 때가 있다. 아니 잘 하지 못하는 것이 아니라, 아예 공부를 하지 않는다고 말할 때도 있다. 경우에 따라서는, '우리 아이는 공부를 싫어하는 것 같다, 게임만 좋아하고… 노는 것만 좋아하고… 커서 뭐가 될려고 그러는지…'와 같이 말할 때도 있다. 그런데, 왜 우리 아이들은 공부를 하지 않는 것일까? 혹시 교육환경이 열악해서 그러는 것일까?

만약 수업시간에 나타나는 학생들의 모습을 구분한다면, 크게 두 가지, '공부하는 학생'[1]과 '공부하지 않는 학생'으로 나타낼 수 있을 것이다. 물론 보는 관점에 따라서는 '공부에 관심 있는 학생'과 '공부에 관심이 없는 학생'으로 나타낼 수도 있을 것이다. 지난 20여 년간 선생으로, 내가 만났던 학생들의 모습이나 특성은 다양하게 나타났지만, 수업시간에 보이는 학생들의 자세나 모습은 이 같은 범주에서 크게 벗어나지 않을 것이다.

이 같은 현상은 왜 나타나는 것일까? 선생이라면 누구나 수업시간에 집중하지 않고 다른 행동을 하는 학생들을 보면, 이들을 수업활동에 참여시키고자 노력할 것이다. 예를 들어 학생들의 동기유발에 효과적인 수업자료 제시, 학습자 참여 중심의 학습활동 계획 등과 같은 수업설계적인 측면이나 도덕적인 훈화나 감동적인 사례와 같은 수업 외적인 인간적인 측면을 적용

2012년 겨울, 케냐의 한 교실을 방문했을 때 공부하는 아이들의 모습

1 '공부하는 척하는 학생'도 포함될 수 있다.

하여, 학생들의 바람직하지 않은 모습을 수정하려고 시도한다. 물론 이전에는 체벌과 같은 불쾌한 자극을 부과하는 방법을 적용하기도 하였다. 그러나 체벌의 비교육적인 측면이 알려지면서, 교육현장에서의 체벌은 사라지고 있다. 이에 교사들은 학생들이 좋아하는 자극을 제거하거나 멈추는 것과 같은 교육적인 행위를 통해 학생들을 지도한다. 그러나 수업시간에 제공되는 자극 중 학생들에게 호감을 주거나 동기를 유발시키는 것이 거의 없는 현실에서, '공부에 관심이 없는 학생'을 효과적으로 지도하는 방법은 거의 없다고 볼 수 있다. 이로 인해, 다른 학생들의 공부에 피해를 주는 경우를 제외하고는, 해당 학생들을 적극적으로 지도하거나 제재하는 경우는 극히 드물다고 볼 수 있다.

2013년 가을, 이라크 한 학교에서 공부 중인 아이들

그런데 동일한 교실에서, 동일한 교재로, 같은 교사에게 지도를 받는데, 수업시간에 보이는 학생들의 모습이 서로 다르게 나타나는 이유는 무엇일까? 대부분의 학생들은 수업에 집중하고 학습활동에 참여하는데 그렇지 않은 학생들이 나타나는 이유는 무엇일까? 다른 집 아이들은 공부를 열심히 한다고 하는데, 왜 우리집 아이들은 그렇지 않을까? 학생들에게 공부를 하지 않는 이유를 질문해 보면, '어려워서', '재미가 없어서', '기초가 부족해서', '시간이 없어서', '대학에 안갈 거라서', '…….' 등 다양한 응답이 나온다. 그런데, 이 같은 학생들의 대답은 공

2014년 가을, KOICA 아프카니스탄 사무소에서 운영하는 학교에서 기술교육에 열중인 한 학생

2014년 가을, 앞의 사진과 동일한 교육 기관에서 공부하는 한 학생이 만든 작품

부를 하지 않는 근본적인 이유라기보다는 본질에서 파생된 2차 결과라고 볼 수 있다. 여기서는 공부를 하지 않는 학생의 실태를 본질적인 측면에서 살펴보았다. 물론 이 책을 읽는 학생의 입장에서 보면, '말도 안 되는 소리'라고 치부해 버릴 수도 있지만….

2-1

학습에 대한 실재감

여러분 중에는 가짜 돈이나 가짜 보석을 진짜라고 착각한 경험이 있을 것이다. 그러나 가짜라는 것을 인식한 순간, 아무리 정교하게 제작된 가짜일지라도 진품이라고 느끼지 않았을 것이다.

그렇다면, 우리 아이들은 공부를 할 때, 해당 과정이 실제 가치 있는 '진짜' 활동이라고 인식하고 있을까? 아니면, 진짜 가치 있는 활동이 아니라, 남들도 하니까 어쩔 수 없이 따라하는, 실재감 없는 활동일까?

실재감(Presence)의 의미

실재감이란 본래 '그림이나 조각 따위의 작품에 표현된 대상이나 글 또는 영상물 따위에 표현된 대상이 마치 실제의 물체나 인물인 듯한 느낌'을 의미하거나 '실제의 사물이 보다 생생하고 구체적으로 인식

2014년 가을, 두바이 공항 근처 상점 앞에 놓인 가짜 보물 상자

되는 느낌'[2]을 의미한다. 이 같은 의미를 지닌 실재감을 학습과 연관지어 기술하면, '학습을 통해 습득하는 지식이나 이론, 활동과정 및 그 결과가 학생의 현재의 삶과 미래의 생활에 실제적인 영향을 주고 있다는 느낌'으로 나타낼 수 있다. 이 같은 학습 실재감이 학생의 학습결과에 미치는 영향을 탐색한 연구를 살펴보면 학습 실재감이 높은 학생일수록 학습활동에 대한 참여가 활발하고, 궁극적으로는 학습과정에 대한 만족도 및 학업성취에 정적인 영향을 미치는 것으로 나타나고 있다(Garrison & Arbaugh, 2007). 물론 학생의 학습이라는 활동은 무수히 많은 외부 변인들에 의해 영향을 받기 때문에 실재감에 영향을 받지 않는다는 결과를 도출하는 경우도 일부 나타나고 있다.[3]그러나 실재감을 느끼면서 공부하는 학생과 그렇지 않은 학생의 모습은 분명 다르

2 다음사전 참조.

3 두민영 외(2017). 온라인 학습 환경에서 실재감이 학업 성과에 미치는 영향에 대한 메타 분석. 교육방법연구, 29(1), 185~210.

2014년 가을, 두바이 초고층 빌딩 및 분수 쇼[4]

게 나타날 것이다. 그러나 얼마나 많은 학생들이 실재감을 느끼면서 공부를 하고 있을까? 지금 이 글을 읽고 있는 당신의 학창 시절을 한 번 떠올려 보자. 당신은 학창 시절에 공부를 하면서 해당 학습 활동이 나중에 어른이 되었을 때 실제적인 영향을 줄 것이라고 생각본 적이 있는가? 아니면 시험에 나오기 때문에 어쩔 수 없이 했는가?

4 사진으로 보면, 특별한 것이 없지만… 실제로 보면 정말(?) 멋있다.

교육은 미래를 위한 투자?

우리는 흔히 교육을 미래를 위한 투자라고 말한다. 즉, 학습을 수행함에 있어 현실적인 어려움이 있어도 미래를 위해 참고 견디는 과정을 '학습', 즉 '공부'라고 지칭한다. 물론 학생들에게 모든 학습이 참고 견디어야 하는 힘든 과정은 아닐 것이다. 예를 들어, 현재의 삶에 커다란 영향을 미치거나 미래의 삶에 영향을 준다고 인식되는 교과의 경우, 해당 내용을 공부하는 과정은 학생에게 흥미롭고 재미있게 다가올 수 있다. 또한 일부 학생은, 학습하는 과정 자체에서 오는 즐거움을 체험하고 공부를 즐기는 경우도 있다. 그러나 학습에 대한 실재감을 경험하지 못한 학생에게, 공부는 참고 견뎌야 하는 과정이나 힘들고 어려운 과정으

2013년 가을, 이라크의 Model School에 [5]방문했을 때 만난 현지 학생들의 모습[6]

5 Model School은 우리나라 KOICA에서 건립한 학교로 유치원부터 고등학교까지 있다.

6 상기 학생들은 대부분이 자신과 가족, 그리고 민족(쿠르드 족)을 위해 열심히 공부한다고 한다. 몇 명의 학생은 인터넷을 통해 한국의 발전 모습을 보고 꼭 한국에서 공부하고 싶다고 하였다. 그 중 한 학생은 계속해서 따라다니면서 한국에서 공부할 수 있는 기회를 가질 수 있는 방법을 질문하기도 했다.

이라크 Model School 복도에 게시된 한국관련 게시물[7]

로 인식되는 것이 현실이다. 문제는 상기와 같이 공부를 어렵게 인식하는 학생들의 비율이 유치원, 초등학교, 중학교, 고등학교로 진학할수록 점차 증가한다는 것이다. 특히 교육활동의 본질에 대한 심각한 고민 없이, 단지 내신등급이 상승하거나 좋은 대학에 진학하기 위해 공부를 하는 경우, 공부는 학생의 현실이나 미래의 삶과 전혀 관련 없는 하나의 의무적인 행위로 인식될 수 밖에 없다.

강요의 한계

이로 인해, 힘들고 어렵게 인식되는 공부보다 흥미롭고 재미있는 활동들이 많은 현실에서, 학생들에게 단지 미래를 위한 투자나 좋은 대학에 진학하기 위한 수단으로 학습활동에 참여하라고 강요하는 것은 한계가 있다. '마시멜로 실험'[8]과 같이, 학생들은 참고 견딘 후에 얻는 보상보다 어려움 없이 바로 얻을 수 있는 것에 만족감을 더 느낄지 모른다. 그런데 공부에 대한 보상은 짧게는 수개월에서 길게는 몇십 년 후

7 '난 한국어를 잘하고 싶어요'라는 문장이 인상 깊었다.

8 1960년대 미국 스탠퍼드대에서 실시한 실험. 아동 앞에 마시멜로를 놓고 정해진 시간(15분)동안 먹지 않고 참으면 하나 더 준다는 조건에서 나타나는 아동의 반응과 12년 후에 치러진 SAT(미국대학진학시험)결과 분석. 25%만 참고 견딘 것으로 나타났으며 해당 학생의 SAT 점수는 평균 210점 정도 높았다고 전해진다.

에 나타날 수 있다. 이 같은 현실에서, 학생들이 공부에 대한 실재감을 느끼는 것은 쉽지 않다.

그런데 부모나 교사는 학생들에게 학습활동에 매진할 것을 강요하면서도 공부에 대한 실재감을 높일 수 있는 방안에 대한 고민은 적게 하는 경향이 있다. 또한 시험 성적에 따른 무분별한 금품살포나 상급학교 진학을 위한 도구의 하나로, 공부만을 강조한 결과, 상급 학교 진학 후에는 공부에 대한 목적 상실로 방황하는 학생도 있다. 특히 고등학생의 경우, 자신의 적성과 소질에 대한 심각한 고민 없이, 내신이나 수능 성적에 따라 대학 및 학과를 선정하는 경향마저 나타나고 있다. 이로 인해, 대학에 진학한 후에도 자신의 전공학습에 대한 실재감 없이 학점을 이수하고 졸업 후 자신의 전공과는 무관한 업무에 종사하는 경우도 나타나고 있다.

다음은 소년한국일보(2017. 11. 27.) 기사[9] 중 일부이다.

[재능 교육 맘대로 키워라] 아이와의 갈등, 해결 방법은?

[아동청소년상담센터 지오 소장 이현미]

"아이를 누구보다 사랑하지만 솔직히, 아이 키우는 일이 이렇게 힘들 줄 몰랐어요.", "너무 속이 상해서 한참 혼낸 다음에는 또 한없이 미안한 마음이 들어요." 가장 사랑하면서도 때론 가장 힘든 존재가 바로 자녀입니다. 특히 사춘기가 점점 빨라지면서 첨예한 갈등이 빚어지는 자녀의 나이가 더 낮아지고 있습니다. 엄마들은 언제, 어떤 상황에서 아이와 갈등을 겪을까요? 또, 왜 이렇게 자녀와 갈등이 생기는 것일까요? 그리고 어떤 방법으로 해결하면 좋을까요?

9 http://kids.hankooki.com/lpage/news/201711/kd20171127180933103170.htm

얘는 누구를 닮아서 이렇게 말을 안 듣지?

"매일 하는 숙제, 잔소리 안 해도 알아서 하면 얼마나 좋을까요?"

"고학년쯤 됐으면 자기 물건은 알아서 정리하면 좋을 텐데, 왜 매번 큰소리를 내야 움직일까요?"

이런 한탄을 하는 엄마들이 많습니다. 아이와 마찰이 빈번해서 집안 분위기까지 냉랭하게 만들 때가 많다며 속상해합니다. 심지어 '아이만 잘하면 우리 집이 평온할 텐데, 늘 시끄럽구나.'라고 생각하기도 합니다. '내가 어릴 때는 저 정도는 알아서 했는데, 얘는 왜 그러는지 모르겠어.'라는 생각에 답답해하기도 하고요. 그런데 이것이 정말 아이만의 문제일까요? 아닙니다. 아이의 문제는 결코 아이만의 문제가 아님을 잊지 마세요. 부모가 어떤 태도를 취하느냐에 따라 아이들은 달라집니다. 아이의 기질을 정확히 이해하고 수용해 준다면, 또 남들보다 천천히 가더라도 잘 가고 있다는 믿음을 갖고 대한다면 아이는 조금씩 달라집니다. 잘 살펴보면 부모의 부정적 감정이 아이를 향해 날카롭게 표출되는 경우도 있습니다. 부부관계가 원만하지 않아 생긴 부정적인 감정이 아이에게 불똥이 돼서 날아갈 수도 있는 거죠. 부모의 부적절한 양육태도가 부모자녀 갈등에 영향을 주기도 하므로, 아이에게서만 문제를 찾아서는 안 됩니다.

[중략]

Tip 아이와의 갈등, 이렇게 줄여보세요!

1. 감정이 조절되지 않을 때는 훈육을 멈춰주세요.
2. 비난과 지적보다는 엄마의 바람을 말해 주세요.
3. 아이의 행동을 넘어선 비난은 절대로 하지 마세요.
4. 긍정적인 행동을 강화하는 칭찬을 아끼지 마세요.
5. 아이의 불만에 귀 기울여 주세요.
6. 자녀의 이야기에 공감해야 합니다.

출처: http://kids.hankooki.com/lpage/news/201711/kd20171127180933103170.htm

'개구리 올챙이적 생각 못한다'는 속담이 있다. 아마 이 글을 쓰는 나를 포함해서 독자 중 자녀를 키우는 분들은 이 속담의 의미를 '실재감' 있게 알 것이다. 우리도 한때는 누구가의 자녀였고 우리 부모도 지금 우리와 같은 생각을 했을 것이다. 이 같은 상황을 종합적으로 고려해볼 때, 우리는 다음과 같은 점을 고민해볼 필요가 있다.

우리는 왜 어렸을 때 모습을 기억하지 못하고
우리 아이들에게 공부하라고 강요하는 것일까?

우리 아이들이 실재감을 느끼면서 학습할 수 있는 분위기를
조성하는 방안에는 무엇이 있는가?

교사나 부모가 공부 실재감이 부족한 자녀나 학생들을
올바로 지도하는 방안에는 무엇이 있는가?

2-2

지적 도식의 재구조화

지식도 건축물과 같은 체계적인 구조를 지니고 있다. 구조를 가지고 있다는 것은 철저한 계획 하에 이루어진다는 것을 의미한다. 공부도 이와 마찬가지라고 볼 수 있다. 철저한 계획 하에 수행되는 지적 행위….

2013년 가을, 우리나라가 이라크 교육을 위해 건립 중인 학교 건물 공사 현장

지적 도식의 의미

도식이란 본래 '사물의 구조, 관계, 변화 상태 따위를 일정한 양식으로 나타낸 그림, 또는 그 양식'을 의미하는 용어로 '외부의 환경에 적응하도록 환경을 조작하는 감각적 · 행동적 · 인지적 지식과 기

술을 통틀어 이르는 말'[10]을 의미한다. 이 같은 의미를 지닌 도식을 '학습'과 연관지어 기술하면, '학생이 지니고 있는 지식이나 이론, 활동과정 및 결과의 구조화된 도식'으로 나타낼 수 있다. 피아제(Piaget)는 지적 도식을 '학생이 자신의 눈에 보이는 세계를 이해하고 반응하고 여기에 응답하기 위해 사용하는 학생 자신만의 지식이나 절차, 관계의 총체'라고 표현하였다(강인애, 1995). 즉, 지적 도식은 학생 개인의 학습활동을 기반으로 구성된 지식의 총체로, 모든 학생들은 자신만의 독특한 지적 도식을 지니고 있다.

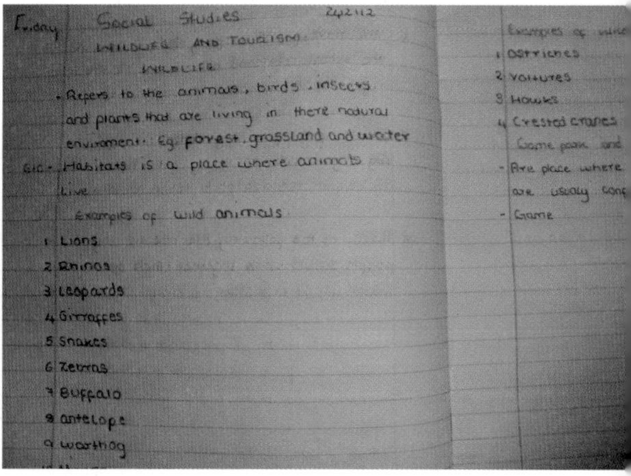

케냐 학생의 노트 필기 사진[11]

동화와 조절

그런데 이 같은 지적 도식은 생물학적으로 결정되는 발달 과정을 기반으로 동화와 조절의 과정을 거치면서 능동적으로 발달한다.[12] 이 같은 의미를 지닌 지적 도식을 공부하는 학생의 측면에서 살펴보면, 학생은 자신이 지금까지 구성한 자신만의 지적 도식을 바탕으로 주변 상황을 이해하고 해석하고 이를 유지하려는 본능을 지니고 있다. 따라서

10 네이버 사전.

11 열악한 교실환경에서 작성한 것이라고는 믿을 수 없을 정도로 정교화되어 있는 노트 필기!

12 박성익 외(2015). 교육방법의 교육공학적 이해(5판). 서울: 교육과학사.

2013년 여름, 하교하는 케냐 학생들과 함께

학생들은 자신의 지적 도식에 비추어 모순이 없는 새로운 상황이나 지식을 먼저 습득하려는 경향을 지니고 있다. 만약 모순이 발견되어 인지적 혼란이 발생하면 학생 개인이 지니고 있는 지적 도식을 통해 새로운 지식이나 상황을 해석하거나 이해할 수 없게 된다. 이때 학생들은 동화와 조절이라는 활동을 통해 자신의 지니고 있는 지적 도식을 확장 발전시켜 나간다.

공부는 지적 도식의 변화 과정

2014년 겨울, 케냐의 한 학교에서
공부하는 학생들의 행복한 모습

따라서 공부는 동화와 조절을 바탕으로 학생의 지적 도식을 재구조화하는 과정이라고 할 수 있다. 또한 공부는 '지적 도식에 모순이 없는 새로운 지식이나 정보 등은 동화 과정을 통해 습득하고 기존의 도식으로 이해하거나 해석할 수 없는 새로운 지식이나 내용은 기존의 지적 도식을 재구조화하면서 확장시켜나가는 '지적 도식의 재구조화과정'이라고 할 수 있다.

공부의 회피

그런데, 공부를 하지 않는 학생들은 이러한 동화와 조절을 바탕으로 자신의 지적 도식을 새롭게 재구성하는 과정을 회피하려는 경향이 있다. 물론 '기존의 지적 도식에 새로운 내용이나 정보, 지식, 절차 등을 그대로 적용시키는 것'을 의미하는 동화의 과정은 비교적 용이하게 발생할 수 있다. 그러나 기존의 지적 도식으로 새로운 지식이나 정보를 수용할 수 없을 때 발생하는 기존 도식의 조절 과정은 극도로 꺼려한다. 특히 조절은 기존 도식의 변화와 수정을 반드시 동반하기 때문에, 학생들은 '머리가 아프다', '이해가 안 된다'하면서 그냥 지나치는 경향이 있다. 이로 인해, 학생들은 기존의 도식을 수정하거나 변화시키기보다는 새로운 지식을 자신의 지적 도식에 맞게 왜곡하여 수용하려는 경향을 지니게 된다.

2013년 봄, 지진 후 어려운 환경에서 생활하는 아이티 학생들의 하교 모습

2017년 겨울, 과테말라 한 학교의 교실에 있는 교사 책상과 교사 물건

어렵고 힘든 과정

따라서 공부를 싫어하는 학생들에게 지적 도식의 재구조화는 어렵고 힘든 과정이라고 할 수 있다. 물론 지적 도식의 재구조화를 통해 기존과 다른 차원에서 외부 세계를 새롭게 해석하는 경험을 하는 학생들도 일부 있다. 이 같은 학생들은 학습의 가치를 인지하게 되고 지적 도식의 수정과 변화에서 오는 즐거움을 경험하기도 한다. 그러나 지적 도식의 재구조화를 경험하지 못한 학생에게, 공부는 머리 아프고 피곤하고 견디기 어려운 과정으로 인식되는 것이 현실이다. 또한 유치원, 초·중·고등학교로 갈수록 새로운 지식이나 정보가 급속도록 증가하는 현실을 고려할 때, 상기와 같은 지적 도식의 재구조화에 대한 이해 없이 이루어지는 학습은, 학생의 시각 변화에 도움을 주지 못하는 피상적인 행위로 지나가버릴 수 있다.

지적도식의 변화 없이 쉽게 할 수 있는 활동

우리 학생들의 주변을 살펴보면, 자신의 지적 도식을 변화시키지 않고도 쉽게 수행할 수 있는 활동들이 많이 있다. 예를 들어, 학생의 요구나 선호도를 사전에 면밀히 분석하고 제작한 모바일 게임이나 컴퓨터 게임, 웹툰, 아이돌 그룹, 각종 포털에서 제공하는 자극적인 콘텐츠 등이 난무하는 현실에서, 학생들의 요구나 선호도 조사 없이, 수능을 비롯한 각종 시험 문항에 기반한 문제풀이와 요점 암기 등을 하도록 강요하는 것은 한계가 있다. 이 같은 현실에서, 학생들이 공부를 통해 자신의 지적 도식이 변화되며 기존과 다른 새로운 시각을 갖게 되리라 기대하는 것은 쉽지 않다. 그런데 부모나 교사는 동화와 조절을 바탕으로 학생들의 지적 도식을 발전시키는 방안에 대한 고민하기보다는 시험에 나오는 핵심 내용을 습득하고 다양한 문제풀이를 강요하는 경향이 있다. 이로 인해, 학생들은 대학에서 공부할 때에도, 해당 학문이 지니고 있는 지적 도식에 관심을 두고 탐구하기보다는 중간고사, 기말고사에 나올 만한 내용을 암기하는 방식의 학습을 고수하고 있다. 그렇다면 우리 아이들의 공부 방식을 변화시킬 수 있는 방법은 없는 것일까? 놀이를 통해 지적 도식을 변화시킬 수 있는 공부 방법에 대해 앞으로 고민해 보아야 할 것 같다.

다음은 Baby Times(2017. 11. 30.) 기사[13] 중 일부이다.

어린이에게 '놀 권리, 뻔뻔(fun fun)한 놀이터' 주자

[베이비타임즈 이진우 기자]

"어린이는 인간으로서 존중하여야 하며,
사회의 한 사람으로서 올바르게 키워야 한다."
"어린이는 마음껏 놀고 공부할 수 있는 시설과 환경을 마련해 주어야 한다."(대한민국 어린이 헌장 1, 3조)

"아동에게는 놀이와 오락을 즐길 수 있는 충분한 기회가 제공되어야 한다."(유엔 아동권리선언의 제7원칙 중에서)

13 http://www.babytimes.co.kr/n_news/news/view.html?no=19572

"아동은 휴식과 여가를 즐기고, 놀이와 문화예술활동에 참여할 권리를 지닌다."(유엔아동권리협약 제31조)

한국을 포함해 전세계 국가들은 자기 나라의 어린이들을 제대로 보호하고, 성장시키기 위한 노력을 기울이고 있다. 그럼에도 유엔의 아동권리선언이나 우리나라의 어린이헌장에서 명기된 내용과 달리 어린이를 사회의 인격적 권리 주체로 받아들이기보다는 사회구성체의 객체, 어른들의 부속물 또는 소유물로 여기는 경향이 지배적인 게 오늘날 어린이 권리의 현주소이다. 더욱이 현대사회가 산업화에 따른 경쟁 시스템에 함몰되면서 각국 교육당국과 부모세대들은 어린이들을 '인적 자원'의 경제재 개념으로 간주해 사회적 인력 양성 및 확보, 적자생존 차원에서 어린이들이 누릴 '놀 권리'를 갈수록 축소, 제약하는 추세이다.
이같은 어린이의 연령대 수준에 맞는 정신과 육체의 발달을 돕는 '놀 권리'의 위축를 우려해 경쟁 위주의 제도권 '놀이' 개념에서 탈피, 자유롭고 창의적인 놀이와 놀이공간(놀이터)을 아동인권적 측면에서 변화와 해법을 찾으려는 노력들이 국내에서도 본격적으로 생겨나고 있다.

[후략]

출처: http://www.babytimes.co.kr/n_news/news/view.html?no=19572

놀이가 공부가 되면 더 이상 놀이라고 볼 수 없을 수도 있다. 우리가 교과로 배우는 내용 중에는 한 때 놀이의 지위를 누리고 있었던 활동들도 포함되어 있다. 그렇다면, 공부를 재미있는 놀이처럼 할 수 있는 방법은 없을까? 이 같은 상황을 종합적으로 고려해 볼 때, 우리는 다음과 같은 점을 고민해볼 필요가 있다.

공부의 도식과 놀이의 도식에는 차이가 있는가?

우리 아이들의 지적 도식을 확장시킬 수 있는
핵심적인 요소에는 무엇이 있는가?

교사나 부모가 지적 도식의 재구조화를 꺼려하는 자녀나 학생들을
올바로 지도하는 방안에는 무엇이 있는가?

2-3

발판(scaffolding)

구름판 사진

학창시절에 가장 재미있었던 수업시간은 무엇이었는가? 아마 체육시간이 아니었을까하는 생각이 든다. 물론 개인적인 성향이나 특성에 따라 다를 수도 있지만….

혹시 체육시간에 뜀틀을 넘었던 기억이 있는가? 도움닫기를 위해 사용했던 구름판, 또는 발판을 기억하는가?

발판의 의미

발판의 의미를 살펴보면, '어떤 곳을 오르내리거나 건너다니기 좋게 하기 위해 걸쳐놓은 발 디디는 곳'을 의미하는 용어로 '(어떤 목적을 이루

2012년 겨울, 케냐의 한 중학교 수학 수업 모습[14]

기 위한) 계기가 되는 것'[15]을 의미한다. 이 같은 발판의 의미를 학습과 관련하여 제시하면, '학생 스스로의 힘으로 당면한 과제나 문제를 해결할 수 있는 단계에 도달할 때까지 제공되는 도움이나 보조'[16]로 나타낼 수 있다. 비고츠키(Vygotsky)에 의하면 학습은 학생 개인이 지니고 있는 지적 영역[17]을 바탕으로 이루어진다고 제시하면서, 학생의 학습활동은 반드시 자신보다 지적능력이 높은 동료나 성인 교사와의 상호작용을 바탕으로 실현될 수 있다고 보았다. 여기서 학생의 학습에 도움을

14 교실 천장을 보면 일부분이 파손되어 있으며 교실 천장에는 전등도 없다. 또한 교실 벽면은 페인트칠을 제대로 못해서 지저분한 상태이고 아이들 책상에는 책도 보이지 않는다. 비록 열악한 교실환경이었지만. 아이들은 교사를 발판 삼아 열심히 공부하고자 노력하고 있었다.

15 연세 한국어 전자사전.

16 박성익 외(2015). 교육방법의 교육공학적 이해(5판). 서울: 교육과학사.

17 근접발달영역.

주는 성인 교사나 동료의 도움을 발판이라고 볼 수 있다.

외적 지원

발판은 학생의 학습활동 수행에 도움을 주는 외적인 지원을 의미하며 학생의 지적수준을 한 단계 높이는 데 결정적인 계기를 마련해 준다고 볼 수 있다. 물론 이 같은 의미를 지니고 있는 발판은 학생의 자발적인 요청이나 요구에 기인하기 때문에 일방적인 교사의 지도나 지시와는 구분되는 개념이다. 예를 들어, 두 발 자전거를 타고 싶은 아동에

2013년 가을, 이라크 학생들이 K-pop에 따라 춤추는 모습[18]

18 이라크 학교를 방문해서 놀란 것 중에 하나는 이라크 학생들이 우리나라, 대한민국에 대해서 너무나 잘 알고 있다는 것이었다. 특히 한국 드라마나 가수(아이돌)에 대해서 나보다 더 잘 알고 있었다. 드라마는 주로 TV와 같은 방송매체를 통해서 접하고 있었으며 가수는 유튜브 등 인터넷을 통해 접하고 있었다. 방송매체와 인터넷은 이라크 학생들에게 우리나라 문화를 배울 수 있는 발판의 역할을 하고 있었다.

게 자전거를 뒤에서 잡아주거나 도와주는 부모의 역할은 아동에게 발판의 역할을 한다고 볼 수 있다. 그러나 부모가 자전거를 배우기 싫어하는 자신의 자녀를 억지로 데리고 나가서 잡아주는 행위는 발판이라고 볼 수 없다. 이처럼 발판은 행위 당사자인 학생에 초점을 두고 있으며 주변의 도움이나 지원을 수용하고자 하는 자발적인 의지에 달려 있다고 볼 수 있다.

학습에서의 발판

이 같은 의미를 지닌 발판을 학생의 학습측면에서 살펴보면, 새로운 내용을 이해하기 위해 최선을 다하는 학생은 동료나 성인교사의 도움을 바탕으로 새로운 학습내용을 습득하고 자신의 지적능력을 한 단계 신장시켜 나간다. 만약 이러한 발판이 부실하거나 제공되지 않는다면 학생은 새로운 지식의 습득이 원천적으로 봉쇄당하게 된다. 따라서 공부는 발판으로 통해, 학생의 지적 능력을 한 단계 높이는 학습의 과정이라고 할 수 있다. 또한 공부는 학생 개인의 능력이나 노력으로는 습득하거나 이해할 수 없는 지식이나 내용을 주변 동료나 교사의 지원으로 습득시켜나가는 학습의 과정이라고 할 수 있다. 그렇다면 지금 우리 주위에서 벌어지고 있는 사교육은 학생들에게 발판으로 작용하고 있는가? 물론 보는 시각에 따라 긍정적, 또는 부정적인 답변이 도출될 것이다. 그러나 앞에서 언급한 내용을 바탕으로 생각해보면 의외로 쉽게 응답을 할 수 있다. 해당 사교육이 학생에게 초점을 두고 있는가? 아니면 학부모의 의지에 중심을 두고 있는가? 만약에 학생보다는 학부모의 의지에 보다 중점을 두고 있다면 그것은 학생의 학습에 발판으로서의 역할을 할 수 없을 것이다. 즉, 학생의 공부에 전혀 도움을 주지 못한다. 바로 중지시켜야 할 것이다.

저자의 무식함

아마 여기까지 글을 읽는 독자들(특히 학부모)중에는, 이 글을 읽는 도중 약간의 분노가 치밀어 오르면서 저자의 무식함을 질타하고 싶은 마음이 드는 분들도 있을 것이다. 또 어떤 분들은 저자는 아이들을 키워보지 않았거나 대한민국에서 아이들을 양육하는 기본도 모르는 탁상공론의 대가, 아니 소가이기 때문에 이런 주장을 한다고 생각할 수도 있다. 왜냐하면 자녀 교육은 이렇게 쉽게 접근할 수 있는 것이 아니기 때문이다. 특히 자녀의 사교육 문제는… 또한 발판의 경우도 다양하게 나타날 수 있기 때문이다. 처음에는 발판으로 다가오지 않았지만 시간이 흐르면서 발판이 되는 경우도 발생할 수 있다. 예를 들어, 부모에 의해서 억지로 끌려 나와서 자전거를 배웠지만 자전거를 혼자서 탈 수 있게 되면서 자전거를 타기 전에는 할 수 없었던 새로운 것들을 직접 경험하게 되는 경우도 있을 수 있다. 아마 자신의 자녀에게 사교육을 제공해주는 학부모들은 대부분 이와 같은 마음으로 자녀들에게 막대한 사교육비를 쏟아 붇고 있는지 모른다.

2017년 겨울, 네덜란드 암스테르담 중앙역 근처에 있는 자전거 주차장

아이들의 수용의지를 무시한 활동은 발판이 될 수 없다?

그러나 한 가지 분명한 것은 아이들의 수용의지를 무시한 학업이나 공부, 또는 사교육은 발판이 될 수 없다. 앞으로 변화될 가능성이 있다고 하여도 그것은 그 어떤 것보다도 불확실한 투자가 될 것이다(물론 자녀의 학업과 투자를 단순 비교할 수 없지만). 이 같은 현실에서, 자녀들이 필요로 하지 않는 사교육이나 학업을 발판으로 학생들이 이전과 다른 모습으로 변화될 것이라고 기대하는 것은 불가능에 가깝다. 그런데 부모는 자녀의 의도나 생각을 고려하기보다 타인에게 좋은 발판이 되었던 학원에 자신의 자녀도 보내고 싶어하는 경향을 지니고 있다. 물론 이에 따른 피해는 부모와 자녀 모두에게 돌아오게 된다.

다음은 dongA.com(2017. 11. 16.) 기사[19] 중 일부이다.

> **사교육도 학대다**
>
> [정성희 논설위원]
>
> "우리 집 가훈은 SKSK였다." 'SKSK'는 '시키면 시키는 대로'다. 전교 1등을 하던 남매가 고교를 자퇴한 이후 엄마의 솔직한 고백을 담은 책 '엄마 반성문'의 저자 이유남 씨 얘기다. 이 씨는 현직 초등학교 교장이다. "그 학원 얼마짜리인 줄 알아? 너희가 하는 일이 뭐가 있어. 밥을 하래, 빨래를 하래. 그런데 뭐 하느라 학원을 늦어?" 그런 잔소리를 입에 달고 살았다.
>
> ▷ 전교 1등에 임원까지 도맡았던 모범생 남매는 각각 고3, 고2 때 자퇴했다. 둘은 1년 6개월간 방 안에 틀어박혀 게임만 했다. 엄마는 그 기간 세 번 교통사고를 당하고 세 번 교통사고를 냈다. 자랑거리이던 남매가 돌변했는데 넋 나가지 않을 엄마가 어디 있으랴. 세상을 원망하던 저자는 칭찬 한마디 하

19 http://news.donga.com/Main/3/all/20171116/87284714/1

지 않고 아이를 몰아갔던 자신이 문제였음을 발견한다. 결국 아들은 '이름도 모르는 대학' 문예창작과를 나온 뒤 현재 철학공부를 하고 있고, 딸은 제과·제빵을 배우다 뒤늦게 미국에서 심리학을 공부해 청소년상담기관에서 일하며 제 몫의 삶을 살게 됐다. 엄마가 집착을 놓은 뒤의 결과다.

▷동아일보가 대한소아청소년정신의학회와 공동으로 소아청소년 전문의를 대상으로 조사한 결과 79%가 과도한 사교육에 기인한 이상 증상을 보인 학생을 진료한 경험이 있다고 밝혔다. 아직 어려서 의사표현을 못하는 아이들은 '학원 가기 싫다'는 말 대신 틱장애, 우울감, 자살충동 등 이상반응을 보이게 된다. 때리고 굶기는 것만이 학대가 아니고, 좋은 대학을 나와야 한다는 이유로 과도하게 학원에 보내는 것도 정서적 학대라는 동아일보 기획시리즈에 독자들의 반응은 뜨겁고 또 무거웠다.

▷ 사교육의 원인은 학벌 위주의 사회구조에서 자녀만큼은 성공적인 삶을 살게끔 하고자 하는 교육열에 있다. 그러나 사교육의 폐해는 묵과할 수 없는 수준이다. 사교육비로 인해 중산층이 무너지고 노후자금이 말라간다. '사교육 1번지' 대치동은 우리나라에서 학원이 가장 많은 동네지만 동시에 소아정신건강의학과 의원도 가장 많다. 반성문 써야 할 사람이 어디 엄마들뿐일까.

출처: http://news.donga.com/3/all/20171116/87284714/1#csidxfcf4c71ce6249c3b287c3041d7bd4f7

사교육이 부모의 강요나 압력에 의해 수행된다면 더 이상 '발판'이라고 볼 수 없을 것이다. 상기 기사 중, "사교육 1번지 대치동은 우리나라에서 학원이 가장 많은 동네지만 동시에 소아정신건강의학과 의원도 가장 많다. 반성문 써야 할 사람이 어디 엄마들뿐일까?"라는 내용이 있다. 아이들의 수용의지를 무시한 어떠한 활동도 결코 발판이 될 수 없다. 이 같은 상황을 종합적으로 고려해 볼 때, 우리는 다음과 같은 점을 고민해볼 필요가 있다.

지금 다니고 있는 학원은 우리 자녀에게 발판으로
역할을 하고 있는가?

자전거를 타기 싫어하는 자녀에게 자전거를 타도록
도와주는 방법이 있는가?

2-4

메타 인지(meta cognition)

매년 1월이 되면 새해를 맞이해서 '올 한 해 어떻게 살 것인가에 대한 대략적인 계획을 세운다. 또한 12월이 되면 한 해를 어떻게 살았는지 정리하게 된다. 이때, 머리에 떠오르는 생각 중에 '무엇 때문에 이렇게 바쁘게 살았을까?'라는 의문이 들곤 한다. 매일 매일 전쟁하듯이 분주하게 살았는데 한 해를 마치려고 보면, 특별히 의미 있었던 일이 없는 것 같기도 하고…. 후회를 하기도 하고….

메타 인지의 의미

메타 인지란 메타와 인지가 결합된 것으로 '사고 자체를 일컫는 것이 아니라 사고 과정에 대한 지식을 의미하며 발췌, 정교화, 도식화, 조직화, 인지적 감지력 등을 포함하는 용어로 '새로운 정보를 장기 기억에

2013년 봄, 상공에서 본 아이티 지표면의 모습

부호화하여 저장하고 그것을 회상하기 위한 체계적인 과정'[20]을 지칭한다. 이 같은 의미를 지닌 메타 인지를 학습과 연관지어 기술하면, '학생 스스로 학습의 계획, 수행, 평가의 전 과정을 체계적으로 사고할 수 있는 능력'으로 나타낼 수 있다. 특히 메타 인지에서는 학생 스스로 자신이 학습을 하고 있는지를 지속적으로 탐색하는 과정, 즉 자기 질문, 목표 설정, 자기 검사, 환경 점검, 피드백 활용 등의 인지적 감지 활동을 중요하게 다룬다. 인지적 감지에서는 학생 스스로 자신이 학습하고 있는 내용을 이해하고 있는지, 결과를 예측하고 효과적으로 과제를 수행하는지를 평가하고, 다음 단계를 계획하고 적절한 시간과 노력을 결정하고 어려움이 발생했을 때 그것을 극복하기 위해 다른 전략을 사용하

20 박성익 외(2015). 교육방법의 교육공학적 이해(5판). 서울: 교육과학사.

거나 기존의 전략을 수정하는지 등을 점검하는 활동을 중시한다.[21] 본래 성공적인 학업을 위해서는, 학생 스스로 자신의 현 상태를 정확하게 파악하는 것이 중요하며 달성해야 할 목표, 그리고 이를 위해 수행해야 할 과업에 대한 명확한 인식이 요구된다.

전체적인 관점에서 조망

이처럼 메타 인지는 단순히 학습 행위에 초점을 두기보다는 관련된 목표 및 현 상태, 수행 과정, 평가 및 피드백 등의 전반적인 활동에 대한 자기 모니터링(self monitoring) 능력이라고 할 수 있다. 예를 들어, 영화배우가 자신의 역할에 대해 고민하고 작가 및 감독이 요구하는 인물을 탐색하고 자신의 녹화된 연기 장면을 보면서 부족한 부분을 연습하여 향상시키고자 하는 노력과 일맥상통한다고 볼 수 있다. 이 같은 의미를 지닌 메타 인지를 학생의 공부측면에서 살펴보면, 스스로 학습해

2013년 봄, 아이티 숙소에서 바라 본 산등성이에 지어진 집들의 모습

21 박성익 외(2015). 교육방법의 교육공학적 이해(5판). 서울: 교육과학사.

야 할 내용, 분량, 시간 등을 인지하고 미흡하거나 부족한 부분을 집중적으로 학습할 수 있을 때 비로소 공부를 한다고 할 수 있다. 이 같은 관점에서 보면, 공부는 학습 내용의 습득도 중요하지만 전체적인 관점에서 학습과정을 탐색하고 해석할 수 있는 능력 신장에 초점을 둘 필요가 있다고 볼 수 있다.

메타 인지를 통한 학습 능력 측정 방법

몇 년 전, TV 프로그램에서 학생의 메타 인지와 관련된 내용을 방영한 적이 있다. 방송 내용을 간단히 제시하면 다음과 같다.

2011년 가을, Florida State University Learning Systems Institute 주관 컨퍼런스 모습[22]

22 LSI는 한국교육개발원(KEDI) 건립에 커다란 도움을 주었다. LSI 40주년을 맞아 개최된 컨퍼런스의 주된 관심은 학습능력과 학업성취였고 한국의 교육발전에 커다란 관심을 보였다.

① 40여 명의 고등학생들을 강당에 모아 놓고 앞에서 간단한 단어가 기재된 카드 20여 장을 한 번 보여준 후 ② 학생들에게 외웠다고 생각되는 단어의 수를 먼저 작성하도록 하고 ③ 이어서 다른 종이에 외운 단어를 적어보도록 하였다. 실험 결과, 소위 학업 성취도가 높은 학생과 낮은 학생을 구분할 수 있는 명확한 기준을 발견할 수 있었다. 과연 그 기준은 무엇이었을까?

학업 성취와 메타 인지 간의 밀접성

이 책을 읽고 있는 독자들도 한 번 생각해 보기 바란다. 보기는 ① 외웠다고 생각하는 단어 수, ② 외워서 적은 단어 수. 정답은… 앞의 ①, ②는 모두 정답이 아니었다. 정답은 ①과 ②를 결합한, '① 외웠다고 생각하는 단어 수와 ② 외워서 적은 단어 수 사이의 일치 정도'로 나타났다. 학업 성취도가 높은 학생들은 ①과 ②의 일치 정도가 높았으며, 반대로 학업 성취도가 낮은 학생들은 일치 정도가 매우 낮았다. 예를 들어, 학업 성취도가 높은 학생들은 '5개를 외웠다고 작성한 후 4~6개 정도의 단어'를 적을 수 있었다. 그러나 학업 성취도가 낮은 학생들은 5개를 외웠다고 작성한 후 15~20개 정도의 단어를 적는 경향이 있었다. 즉, 외운 단어 수의 많고 적음이 아니라 외웠다고 예상한 단어 수와 실제 외운 단어 숫자 간의 일치정도가 그 학생의 학업성취도와 밀접한 관련성이 있는 것으로 나타났다. 이 같은 결과를 통해, 학생의 학업성취도는 메타 인지와 높은 상관관계가 있음을 확인할 수 있었다. 즉, 학업 성취도가 높은 학생은 자신의 현 상태를 정확히 파악하고 이를 보완할 수 있는 능력을 지니고 있는 반면, 낮은 학생은 그렇지 못하다는 것이다.

자기 시험지 다시 보고 풀기

이번 학기(2017년 2학기) 중간고사 실시 일주일 후에, 학생들에게 자신이 작성한 답안지를 나눠주고 스스로 채점을 해보도록 하였다. 그리고 틀렸다고 생각하는 문항은 그 이유를 별지에 적어서 제출하도록 하였다. 물론 학생들은 해당 활동에 호응하지 않는 것 같았다. 중간고사 전에 상기 내용을 미리 공지했음에도 불구하고, 학생들 중에는 '마음이 아파서' 자신의 답안지를 다시 보기 싫다고 하소연 하는 경우도 있었다. 그 중 몇 명의 학생들은 '교수님, 안 보면 안 될까요? 틀린 문제를 다시 보면 화도 날 것 같고…'라고 하면서 가벼운 사양 의사를 밝히기도 하였다. 그런데 검토 시간이 흐르면서 흥미로운 현상을 목격할 수 있었다. 처음에는 다소 소극적으로 답안지를 살펴보던 학생들이 점차 집중을 하면서 틀린 문항에 대한 자신만의 이유를 적기 시작하였는데 그 분량이 답안지 작성 분량보다 많은 경우도 있었다. 그리고 몇몇 학생들은 내 연구실로 찾아와서, "대학 와서 처음 해보는 데 매우 좋았다. 시험 볼 때 실수하는 이유를 어렴풋하게나마 발견할 수 있었다."는 등의 긍정적인 반응을 나타내었다.

전체를 보는 시각의 중요성

우리 학생들의 학습활동을 살펴보면, 공부 자체는 열심히 하는데 그 행위에 대한 목적, 이유, 과정, 부족한 부분에 대한 피드백 등 전체적으로 학습을 보는 시각이 미흡하다는 점을 쉽게 발견할 수 있다. 또한 학생들 중에는 자신의 현재 상태를 명확하게 파악하는 것에 두려움을 느끼는 경우도 있다. 어떤 학생들은 충분히 공부를 하였음에도 아는 문제만 계속 반복해서 풀고, 모르는 문제는 아예 처음부터 포기하는 경우도 있다. 우리가 공부를 한다는 것은, 현재의 상태를 명확하게

2013년 가을, 이라크 마을 전경

파악하기 위해서이다. 의사가 환자를 효과적으로 치료하기 위해, 먼저 환자의 상태를 면밀하게 검사하고 그 결과에 따라 효율적인 방법을 찾아서 치료하는 것처럼, 학생들도 자신의 현 상태를 명확하게 파악하고 이에 적합한 학업활동을 계획하고 수행할 필요가 있다. 우리가 인생을 살 때도 마찬가지이다. 물론 이 같은 활동은 쉽지 않지만 반드시 수행해야 할 필수과정이라고 볼 수 있다.

다음은 국토매일(2017. 11. 23.) 기사[23] 중 일부이다.

IQ나 EQ보다 중요한 것이 있다고?

[국토매일 변완영 기자]

양천구는 오는 24일 ○○대학교 심리학과 ○○○ 교수를 초청해 학부모를 위

23 http://m.pmnews.co.kr/47483

한 열린 특강을 개최한다.

이번 특강은 '메타인지를 통한 지혜로운 자녀교육'이라는 주제로 진행한다.

양천구 혁신교육지구 학부모사업의 일환으로 추진되는 이번 특강은 IQ나 EQ 보다 중요한 메타인지의 중요성에 대한 강의가 펼쳐질 예정이다.

'메타인지'란 자신의 인지과정에 대해 생각해 자신이 아는 것과 모르는 것 사이의 경계를 분명히 자각하고, 스스로 문제점을 찾아내어 해결하며, 자신의 학습과정을 조절할 줄 아는 지능과 관련된 인식이다. ○○○ 교수는 이번 특강에서 자녀들의 인지능력을 파악하고, 이를 조절할 수 있는 능력을 알기 쉽게 설명할 예정이다. 또한, 자녀들의 메타인지를 발전시키는 방안 등도 알려준다.

[후략]

출처: http://www.pmnews.co.kr/sub_read.html? uid=47483

메타 인지와 관련된 여러 내용을 종합해 볼 때, 우리는 다음과 같은 점을 고민해볼 필요가 있다.

우리 아이의 메타 인지를 신장시킬 수 있는 핵심적인 요소에는 무엇이 있는가?

교사나 부모가 메타 인지 활동을 꺼려하는 자녀나 학생들을 올바로 격려하고 지도하는 방안에는 무엇이 있는가?

Module 2

학생과 공부

CHAPTER

3

꿈꾸지 않는 아이

2012년 봄, 동티모르 해변의 석양

우리도 한때는 꿈 많은 아이였던 시절이 있었다. 그리고 다소 허황되지만 커다란 꿈이 있었다. 당신의 꿈은 무엇이었나? 그리고 지금의 모습은 어릴 적 꿈과 어느 정도 일치하는가? 혹시 어릴 적 꿈을 기억하지 못하는 것은 아닐런지?

3-1

꿈, 그게 뭔데요?

꿈의 정의

꿈이란 잠자는 동안에 실제처럼 보고 듣고 느끼고 하는 것 같은 정신의 현상을 의미하는 용어로 마음속에 그리는 희망이나 이상[1]을 지칭한다. 이 같은 의미를 지닌 꿈이라는 용어를 우리 아이들과 관련하여 기술하면, 아이들 마음 속에 존재하는 소망이나 이상으로 현재에는 존재하지 않지만 미래에 올 것으로 믿고 보고 듣고 느낄 수 있는 능력으로 나타낼 수 있다. 꿈은 우리 아이들과 같은 청소년들이 누릴 수 있는 특권이자 특별한 능력이라고 할 수 있다.

1 브리태니커 백과사전.

2013년 가을, 이라크 청소년들의 밝은 모습[2]

꿈은 누가 꾸는가?

물론 100세 시대를 맞이하여 꿈은 더 이상 청소년이나 젊은이의 전유물이 아니다. 성인들 중에서도 청년 못지않은 패기와 열정으로 자신의 인생 2막, 또는 3막을 멋있게 설계하고 실현시켜 나가는 경우를 종종 목격하곤 한다. 그러나 한 가지 확실한 것은 우리 아이들이 꾸는 꿈과 성인들이 바라는 소망은 다르다는 점이다. 특히 아직 인생을 본격적으로 경험해 보지 못한 우리 아이들의 꾸는 꿈은 성인들의 꿈과 질적으로 차이가 있다. 청소년 시기의 꿈은 자신뿐만 아니라 한 국가와 전 세계를 변화시키며 전 인류의 삶을 한 단계 업그레이드 시키는 발판이 된다. 예를 들어, 마이크로소프트, 애플, 구글, 페이스북, 트위터 등 세

2 이라크의 일부 지역이 IS에 의해 점령되었던 것으로 알고 있다. 관련 기사를 통해 이 사진을 찍었던 학생들도 점령 지역에 포함된 것으로 알고 매우 놀랐던 기억이 난다. 이 학생들을 위해 기도한다. 해맑은 이 학생들의 꿈은 무엇일까?

계적인 IT 기업을 설립한 CEO들이 젊은 시절에 지녔던 꿈을 통해 지금의 세계가 어떻게 변화되었는지를 살펴보면, 실감이 날 것이다.

예를 들어, 애플은 1976년 미국 캘리포니아주 쿠퍼티노에서 스티브 잡스(Steve Jobs)와 스티브 워즈니악(Steve Wozniak)이라는 두 고교동창생에 의해 탄생되었다. 애플Ⅰ이라는 8비트 컴퓨터의 성공에 힘입어 700달러의 자금으로 애플컴퓨터회사를 설립했다. 본격적인 첫 작품인 애플Ⅱ 역시 1977년에 발매되어 대단한 성공을 거두었다.[3] 또한 현재는 스마트폰이라는 새로운 디바이스를 통해 전 세계의 IT 시장을 이끌어 가는 혁신의 아이콘이라고 할 수 있다.

국내 젊은이들의 꿈

국내로 눈을 돌려, 네이버, 카카오, NC소프트, 한글과 컴퓨터 등을 설립한 젊은이들의 꿈이 우리나라를 어떤 모습으로 변화시키고 바꾸고 있는지를 살펴본다면, 좀 더 실감이 날 것이다. 지금도 어디선가 우리의 아이들은 자신의 미래를 위해 꿈을 꾸고 있으며 이를 실현하기 위해 노력 하고 있을 것이다. 그렇다면 우리 아이들이 꿈을 꾸지 않는다는 말은 거짓일까? 얼마 전, 우리 아이들의 학교생활과 가정생활, 학원생활을 바탕으로 우리 교육의 현실을 진단한 TV 프로그램을 방영한 적이 있다. 그런데 대부분의 장면은 선생인 나의 시각에서 이미 알고 있거나 제작진의 숨겨진 의도가 강하게 들어가 있어 시청하는 동안 조금 불편하였고 대부분이 2~3일 후에 내 기억에서 사라졌다. 그런데 초등학교 3~4학년 정도 되어 보이는 학생 2명의 인터뷰 내용에 대한 이미지는 아직 뇌리에 어렴풋이 남아있다. 해당 장면을 간단히 묘사하면

3 브리태니커 백과사전.

다음과 같다. 담당 PD가 그 학생들에게 장래 희망이 무엇이냐고 묻자, 학생들이 서로 응시하면서 잠시 웃고 생각에 잠긴 듯 하다가 돌아온 대답이 '좋은 회사(대기업이라고 말했던 것 같기도 하고)에 취직하는 것'이었다. 선생으로서 그 장면을 시청하는 순간, 무엇인가에 머리를 얻어맞은 것 같은 멍한 느낌을 받았다.

우리 아이들의 꿈은 취직

물론 소위 말하는 과학자가 된다는 것도 결과적으로 좋은 회사나 대기업에 취직한다는 측면으로 볼 수 있으므로 상기 응답 자체만 보면, 크게 문제시 될 것도 없고 궁극적으로는 우리 어린 아이들의 꿈이 될 수도 있을 것이다. 실제로 중·고등학교나 대학에서 학생들에게 장래의 희망이나 꿈을 물어보면 비슷한 대답을 쉽게 들을 수 있다. 이 글을 쓰고 있는 2017년 기준, 우리나라 청년 실업률과 실업자 수가 최고조에

2014년 겨울, 국내에서 찍은 해의 모습[4]

4 매일 새로운 태양은 우리에게 다가온다. 또한 매년 새해라는 새로운 기회가 우리에게 오고 있으며, 우리는 소망을 품고 보다 나은 미래를 위해 노력한다.

다다르고 있는 현실에서, 어린 아이들의 이 같은 응답은 흔쾌히 인정하기는 어렵지만 인정할 수밖에 없는 사실(fact)이라고 볼 수 있다.

기성세대의 자괴감

그럼에도 불구하고 '어린 아이들의 입에서 취직하는 것이 장래의 꿈이라고 소박히 표현'하는 대한민국의 현실이 무서우면서도 서글픈 이유는 무엇일까? 초등학교 3~4학년 학생들의 입에서 나온 이 '대한민국의 현실'이 나의 마음을 휘저어 놓는 것은 무슨 이유에서 일까? 해당 방송을 보면서, 이 같은 생각이 뇌리를 벗어나지 않았으며 지금도 나의 마음 한 칸에 남아 있다. 그리고 학생의 응답 자체가 아니라, 이 같은 대답이 나온 게 된 우리 사회의 모습, 가정환경, 부모의 역할, 학교의 책임 등을 생각해보았다. 그리고 나를 포함하여 우리 부모, 선생들의 지도 결과가 아닌가? 하는 생각이 머리를 맴 돌고 있다. 우리는 아이들에게 소망 가득한 미래에 대한 꿈과 포부를 갖기 원하면서도 실제 교육 현실에서는 당장 눈앞에 보이는 결과나 성적에만 초점을 두고 아이들을 지도하고 바라보았다는 자괴감을 떨쳐버릴 수가 없었다.

다음은 교육연합신문(2017. 11. 28.) 기사[5] 중 일부이다.

> **완도 금일동초, 우리의 꿈, 자녀의 꿈, 학생의 꿈을 응원하라!**
>
> [교육연합신문 김경영 기자]
>
> 우리의 꿈을 표현하고 응원하라! 금일동초등학교(교장 박혜선)는 11월 23일

5 http://www.eduyonhap.com/news/view.html?section=1&category=101&no=38535&m=daum

목요일 하루는 '진로Up! 진로교육의 날'을 운영하였다. 학생, 학부모, 교직원들이 함께 할 수 있는 진로교육 프로그램들을 계획하여 오전에는 관내 금일초등학교에 모여 학생 교육을 실시하였다. 진로캠프를 활성화 하여 학생들의 꿈과 비전을 함양하여 올바른 진로를 인식하고 선택 할 수 있도록 했다.

마음을 여는 시간 '너의 마음을 열어봐! 꿈틀꿈틀 꿈 잡기'로 직업카드 활동을 통해 나의 꿈을 'job(버킷)아' 보았다. 놀이를 통해 활동을 편하고 즐겁게 시작 할 수 있게 하였다. 그리고 직업카드를 활용하여 다양한 직업 유형에 대해서 알아보고 나에게 맞는 직업은 무엇이 있을지 탐색하였으며 나와 어울리고 좋아하는 꿈(직업)을 에코백에 그려보았다. 서툰 솜씨였지만 꿈에 대한 열정을 갖고 그리다보니 어느새 각양각색 다른 느낌의 훌륭한 나만의 꿈나무 에코백이 완성되었다. 직업과 진로가치에 더 고민하는 시기인 고학년 학생들은 이 시간을 통해 더욱 진지하게 꿈을 생각하고 깊이 알아 볼 수 있었다. 다양한 꿈을 거쳐 선생님이라는 꿈을 선택한 한 학생은 '오늘 활동을 통해 다양한 직업유형에 대해 더 자세히 알게 되었고 앞으로 학생으로서 진로에 대해서 깊이 생각해 볼 수 있는 소중한 시간이었어요'라며 참여 소감을 말했다.

오후에는 학부모들을 초청하여 '진로와 감성이야기(부제: 자녀와 마음 통하기)'를 주제로 자녀 교육에 더욱 관심을 갖고 참여 할 수 있는 시간을 가졌다. 자녀의 양육태도를 알아보고 자녀의 성격과 기질에 맞는 부모의 올바른 양육태도를 통해 올바른 진로지도의 방향을 설정하는데 도움이 되는 시간이었다. 특히 진로지도의 바탕은 자녀와의 소통이고 정서적인 지지임을 강조하며 부모가 행복해야 자녀도 행복하고 건강한 가정이 존립할 수 있다는 점을 일깨워주었다. 교육에 참여한 3학년 학부모는 "일이 바빠서 못 올 뻔 했는데 오길 참 잘했다는 생각이 들고 오늘 교육을 통해 아이들과 더 많은 이야기를 나누면서 앞으로 진로, 직업 선택에 좋은 역할을 할 수 있는 부모가 되어야겠다는 생각이 들었습니다. 앞으로도 다양한 학부모 교육이 생겼으면 좋겠습니다."라며 만족감을 드러냈다.

[후략]

출처: http://www.eduyonhap.com/news/view.html?section=1&category=101&no=38535&m=daum

우리는 아이들이 마음껏 꿈을 꾸고 펼칠 수 있도록 도와주고 지원해 줄 의무가 있다. 부모의 꿈이 아이의 꿈이 될 수는 없다. 이 같은 상황을 종합적으로 고려해볼 때, 우리는 다음과 같은 점을 고민해볼 필요가 있다.

우리 아이들이 꿈다운 꿈을 꿀 수 있도록 도와주는 방안에는
무엇이 있는가?

미래에 대한 소망이나 꿈 갖기를 꺼려하는 자녀나 학생들을
올바로 격려하고 지도하는 방안에는 무엇이 있는가?

3-2

성적과 꿈의 상관관계

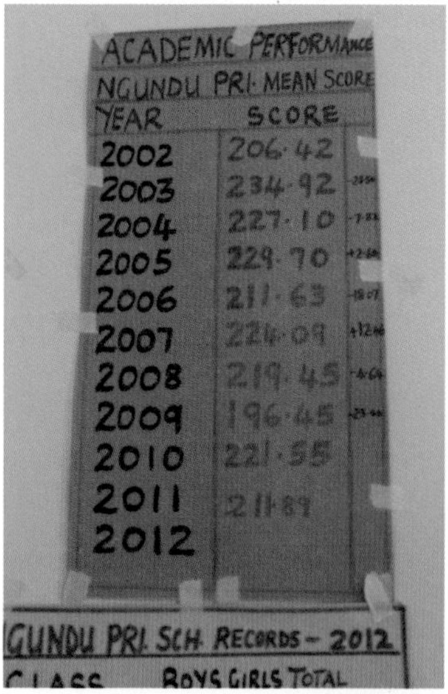

2012년 겨울, 케냐 한 초등학교 교장실 벽면에 붙어있는 연도별 학업성취도 점수

성적의 의미

우리가 흔히 사용하는 성적이라는 용어는 교육학적으로 보면, 평가의 결과라고 볼 수 있다. 그러나 현실적으로, 아니 우리 아이들의 입장에서 보면, 평가의 결과보다는 시험점수, 등수, 내신 등급의 의미에 더 가깝다고 볼 수 있다. 본래 평가의 사전적 정의는 물건 값을 헤아려 매김 또는 값을 의미하거나 사물의 가치나 수준 따위를 평함 또는 그 가치나 수준을 지칭하는 것으로, 궁극적으로는 평가대상의 값을 헤아려 매기거

나 그 가치나 수준을 측정하는 것을 의미한다. 이 같은 관점에서 볼 때, 성적은 교육의 가치나 수준 따위를 평가하는 것 혹은 그 가치나 수준으로 정의되는 평가[6]의 작은 결과라고 할 수도 있다. 또한 성적은 학교에서 이루어지는 각종 지필시험 및 수행평가 등을 포함하는 학생 개인 대상의 평가 결과라고 볼 수 있다.

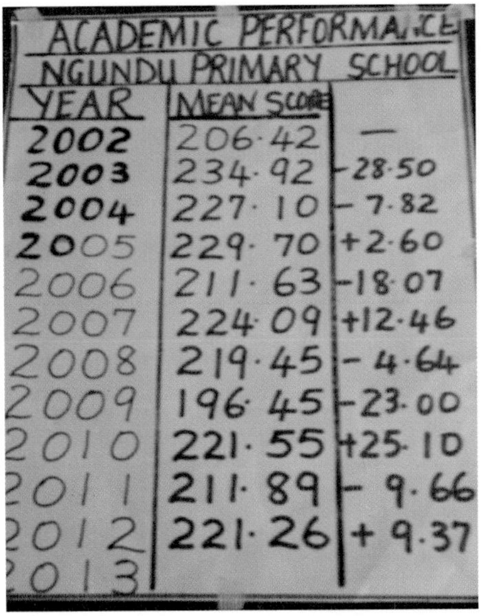

2013년 여름, 케냐 한 초등학교 교장실 벽면에 붙어있는 연도별 학업성취도 점수

시험의 객관성

학교현장에서 수행되는 다양한 학생평가의 일차적인 목적은 학생 개인의 학업 성취 정도를 정확하게 측정하기 위한 것이다. 이 같은 관점에서 볼 때, 성적은 학생평가의 결과를 수량화하여 타인과 비교할 수 있게 가공한 후 제공하는 점수라고 볼 수 있다. 그리고 이러한 점수는 상급학교에 진학하거나 기업에 취업하는 중요한 근거자료로 활용되기 때문에 공정성을 중시할 수밖에 없다. 특히 우리나라와 같이 학생들 간의 비교 및 경쟁을 위한 자료로 활용되는 현실에서, 성적의 객관성은 매우 중시된다. 이에 따라 채점자에 관계없이 어느 누가 점수를 매기더

6 김성훈 외(2010). 예비교사를 위한 교육평가(1판). 서울: 학지사.

라도 공정하게 채점할 수 있는 평가 기준의 객관성과 이러한 평가 기준의 적용이 가능한 평가, 즉 지필평가의 객관성이 강조되고 있다.

2017년 겨울, 직접 만든 전기 기구를 설명하는 과테말라 학교의 학생

창의성과 문제해결력의 측정?

물론 현재 우리 교육현장에서 광범위하게 활용되고 있는 선다형 지필평가로는 학생의 창의력이나 문제해결력과 같은 고등정신능력을 측정하기 쉽지 않다. 그렇다면 지금 학교현장에서 널리 활용되고 있는 수행평가를 통해서 고등정신능력과 문제해결력의 측정이 가능할까? 상품화된 평가 관련 자료의 접근이 가능한 현실을 감안해 볼 때, 수행평가만을 통해 창의성이나 문제해결력을 측정하기는 어렵다고 볼 수 있다. 또한 남이 대신 하거나 타인의 도움을 과도하게 받은 수행의 결과와 교사 1인이 한 학년 전체를 평가하는 현실과 마주하게 되면, 수행평가의 본래 목적이 제대로 달성되고 있는지에 대한 의문이 생긴다.[7]

서열화의 도구

그러나 학교현장에서 이루어지는 평가가 객관식 지필평가이든지, 주관식 수행평가이든지 그 결과는 성적으로 나오며 학생들을 서열화하는 도구로 사용된다. 특히 그 자체가 학생의 능력과 미래까지 영향력을 미치는 중요한 자료로 사용되고 해석되어진다.

7 김성훈 외(2010). 예비교사를 위한 교육평가(1판). 서울: 학지사.

2017년 겨울, 과테말라
한 고등학교 학생들의 모습[8]

성적과 꿈의 관계

그렇다면, 우리 아이들의 성적과 꿈은 어떤 상관관계를 가지고 있는가? 물론 우리의 교육현실에서 아이들의 성적이 그들의 꿈을 형성하고 실현하는 데 아무런 상관이 없다고 단정 짓기는 어렵다. 그렇다고 아이

2017년 겨울, 과테말라의 한 교실에서 공부하는 학생들의 모습[9]

8 이 학생들에게도 성적은 대학에 진학하는 데 매우 중요한 준거로 작용하고 있었다.

9 한국에서 공부하는 것이 꿈인 학생들도 있다.

들의 성적이 그들의 꿈을 실현하는 데 절대적인 영향력을 행사한다고 단언하기도 어렵다. 아마 이 정도 되면, 글을 읽고 있는 독자들 중에는 "관계가 있다고 말하지도 못하고 없다고 말하지도 못하면서… 뭣 하러 이런 주제를 다루고 있나?", "모처럼 비싼 돈 주고 책 한 권 사서 읽었더니… 자녀 교육에 대한 해답은 커녕… 머리만 아프게 하고 있네." "저자가 학교나 교육현실도 제대로 알지 못하면서 탁상공론만하고 있네.", "내가 이럴 줄 알았지, 역시 교육학자들이란…." 하면서 책을 덮으려고 하는 분들이 있을 수도 있다. 그러나 덮을 때 덮더라도, 아직 이야기가 끝나지 않았으니, 한 페이지만 더 읽어주기 바란다.

성적이 꿈에 미치는 영향

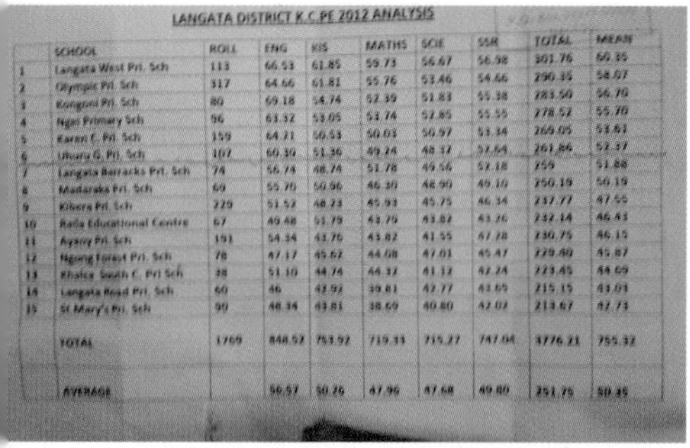
LANGATA DISTRICT K.C.PE 2012 ANALYSIS

	SCHOOL	ROLL	ENG	KIS	MATHS	SCIE	SSR	TOTAL	MEAN
1	Langata West Pri. Sch	113	66.53	61.85	59.73	56.67	56.98	301.76	60.35
2	Olympic Pri. Sch	317	64.66	61.81	55.76	53.46	54.66	290.35	58.07
3	Kongoni Pri. Sch	80	69.18	54.74	52.39	51.83	55.38	283.50	56.70
4	Ngei Primary Sch	96	63.32	53.05	53.74	52.85	55.55	278.52	55.70
5	Karen C. Pri. Sch	159	64.21	50.53	50.03	50.97	53.34	269.05	53.61
6	Uhuru G. Pri. Sch	107	60.30	51.36	49.24	48.37	52.64	261.86	52.37
7	Langata Barracks Pri. Sch	74	56.74	48.74	51.78	49.56	52.18	259	51.88
8	Madaraka Pri. Sch	69	55.70	50.96	46.30	46.90	49.10	250.19	50.19
9	Kibera Pri. Sch	229	51.52	48.23	45.93	45.75	46.34	237.77	47.55
10	Raila Educational Centre	67	49.48	51.79	43.79	43.82	43.26	232.14	46.43
11	Ayany Pri. Sch	191	54.34	43.76	43.82	41.55	47.28	230.75	46.15
12	Ngong Forest Pri. Sch	78	47.17	45.62	44.08	47.01	45.47	229.40	45.87
13	Khalsa South C. Pri Sch	38	51.10	44.74	44.37	41.12	42.24	223.45	44.69
14	Langata Road Pri. Sch	60	46	42.92	39.81	42.77	43.65	215.15	43.03
15	St Mary's Pri. Sch	99	48.34	43.81	38.69	40.80	42.07	213.67	42.73
	TOTAL	1769	848.52	753.92	719.33	715.27	747.04	3776.21	755.32
	AVERAGE		56.57	50.26	47.96	47.68	49.80	251.75	50.35

2013년 여름, 케냐의 한 초등학교 교장실에 게시된 학교별 학업성취도 점수[10]

이 책에서, 이처럼 대답하기 어려운 문제를 다루고자 하는 이유는 간단하다. 바로 '우리 아이들의 성적이 그들의 미래를 꿈꾸고 기대하는 데 긍정적으로 작용하고 있는가?'에 대해서 깊이 있게 생각해보기 위한 것이다. 가볍게 생각하는 것이 아니라 깊이 있게 생각해 보고 싶다. 여러분들과…. 여러분들은 어떻게 생각하고 있는가? 부모로서, 당신의 자녀가 획득한 성적이 그들의 미래를 꿈꾸고 준비하는 데 긍정적인 영향을 미친다고 생각하는가? 교사로서, 당신이 지도하는 학생들은 어떠한가? 여기서 한 가지 확실하게 대답할

10 케냐에서도 학생들의 학업성취도는 중요한 것 같다.

2014년 겨울, 케냐의 한 교실에서 밝게 웃고 있는 아이의 모습[11]

2014년 겨울, 유독 이 아이만 맨발로….[12]

수 있는 것은, 긍정적인 영향을 받는 자녀들(또는 학생들)보다 그렇지 못한 경우가 더 많다는 점이다.

성적과 꿈의 상관관계

만약 성적과 꿈이 정적인 상관관계를 맺고 있다고 하면, 1등을 제외한 나머지 학생들은, 정도의 차이는 있겠지만, 자신의 미래 설계와 관련하여 좌절감을 느낄 가능성이 높다. 또한 소위 성적이 최상위에 속하는 학생들도, 이전보다 상대적으로 하향된 성적표를 받게 된다면, 이

11 지금까지 보아온 아이 중 가장 활짝 웃고 있는 아이가 아닐까? 그런데 이 아이의 발을 보면….

12 무엇이 이 아이를 이토록 웃게 만들었을까?

로 인해, 고민할 수 밖에 없을 것이다. 물론 발전적인 고민과 성찰은 자신의 미래를 설계하고 꿈을 이루는 데 도움을 줄 수 있다. 그러나 단순히 상대적인 성적 하락이나 시험점수와 관련된 고민은 결코 도움을 줄 수 없다고 볼 수 있다. 최상위권에 속한 학생이 이전보다 약간 하락한 자신의 성적, 또는 등수로 인해 비관하고 결국에는 극단적인 선택을 하는 경우는 어떻게 설명할 수 있을까? 단순히 그 학생과 환경의 문제로만 치부해 버릴 수 있는가? 지금 우리의 아이들이 자신의 성적으로 인해, 얼마나 많은 스트레스와 좌절감을 느끼고 있는지 한 번 생각해 볼 필요가 있다. 이와 더불어, 우리 아이들이 생각하고 있는 성적과 우리 사회에서 통용되고 있는 성적의 의미가 어떻게 다른지도 생각해 볼 필요가 있다.

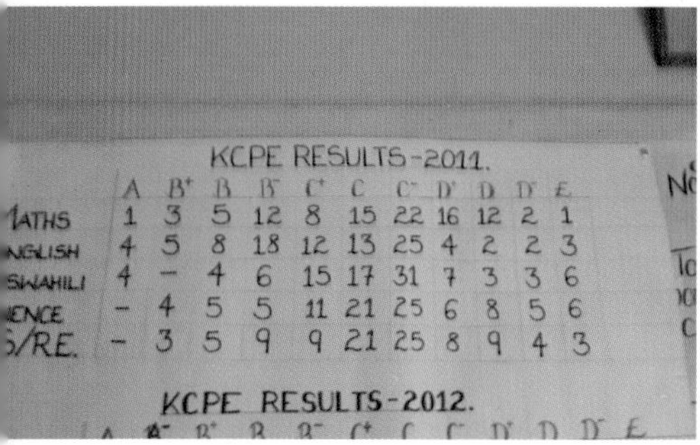

2013년 여름, 케냐의 한 초등학교 교장실에 게시된 교과별 성적[13]

성적이 말해주는 것

가끔씩 평가나 출제 등으로, 다른 대학에서 학생들을 가르치는 선생들을 만나보면, 학창시절 때 성적이 좋은 경우도 있지만 그렇지 못한 경우도 많다는 점을 느끼곤 한다. 이 글을 쓰고 있는 나도 예외는 아니다. 물론 학창시절의 성적은 학생으로서의 성실함과 학습량, 지적 성취 등을 일정 부분 설명해 줄 수 있으며 그들의 미래를 설계하고 계획해 나가는 데 일부 도움을 줄 수 있다. 그러나 성적이 우리 아이들의 미래를 설계하는 데 도움을 주기 위

13 케냐에서도 수학과 영어 성적은 중요한 것 같다. 가장 위에 있는 것을 보니…. 또한 내가 방문한 대부분의 교장실에 게시되어 있는 것을 보니….

2012년, 봄, 동티모르 교사들과 함께 회의 하는 모습[14]

해서는 성적 그 자체가 중요한 것이 아니라, 이에 대한 정확한 해석이 반드시 뒷받침 되어야 한다. 또한 우리는, 선생으로서, 부모로서, 아이들의 성적을 바탕으로 그들의 학교생활, 학업, 친구관계 등을 간접적으로 탐색할 수 있어야 하며 우리 아이들이 꿈꾸고 있는 미래와의 관련성을 파악할 수 있어야 한다.

부모와 교사의 역할

교사의 역할이 무엇이며, 부모의 역할이 무엇인가? 물론 이 같은 역할을 제대로 수행하는 것이 말처럼 쉽지는 않지만 크게 어렵지도 않다. 우리 아이들에게 진심으로 관심이 있다면 어렵지 않게 수행할 수 있을 것이다. 우리 아이들에게는 자신의 성적과 꿈의 상관관계가 중요한 것

14 동 티모르에는 학교 교육을 통해, 신생 국가인 동티모르라를 발전시키고자 하는 수학, 과학 교사의 자발적인 모임이 있다. 이들은 사비를 털어 아이들의 학업 성취 신장에 효과적인 수업지도방안을 연구하고 있다. 이들이 진정한 학생들의 지지자, 조력자가 아닐까?

이 아니라 이를 해석하고 제대로 안내해 줄 조력자, 지지자가 필요하다.

다음은 EBS NEWS(2017. 11. 30.) 기사[15] 중 일부이다.

〈스쿨리포트〉 "바이올린 연주로 성적이 올랐어요."

[EBS 저녁뉴스 황장우 스쿨리포터]

고등학생들, 요즘은 학교 동아리 활동까지 입시에 도움 될 법한 것들을 많이 찾다보니, 취미생활 하나도 갖기 어려운 게 사실이죠. 그런데 입시와는 별개의 취미활동을 시작하면서 성적이 크게 오른 학생들이 있어 울산 화암고등학교 스쿨리포터가 만나봤습니다.
[리포트] 저는 지금 울산의 한 고등학교 앞입니다. 학생들이 직접 준비한 음악회가 열린다고 하는데요, 지금 저와 함께 들어가 보실까요? 쇼스타 코비츠의 왈츠부터 영화 라라랜드의 OST들까지, 평소 익숙한 음악들이 연주됩니다.

인터뷰: *** 2학년 / 울산 **고
"고등학교에 들어와서 처음 악기를 배웠는데 처음에는 신기하고 어려웠지만, 재미있어서 열심히 많이 연습해서 친구들이랑 성공적으로 공연을 마쳐서 너무 기쁘고…"
성황리에 공연이 열렸지만, 음악회를 준비한 학생들은 처음 단원으로 가입할 때는 부모와 선생님의 반대에 부딪혀야 했습니다. 음악분야의 진로를 꿈꾸는 게 아니었기에 공부 시간을 쪼개서 연주 활동을 해야 했기 때문입니다.

인터뷰: *** 2학년 / 울산 **고
"들어갈까 말까 고민도 하고 학업에 지장도 생길까 봐 걱정도 많이 했는데, 실제로 하니까 제가 좋아하는 악기도 연주하고 스트레스도 풀고 해서 오히려

15 http://news.ebs.co.kr/ebsnews/allView/10794598/H

학업에 집중이 되는 것 같아서 학습 효율성이 더 높았던 것 같습니다."
학생 단원들 대부분은 학업 성적이 떨어지지 않을까 하는 주변의 걱정 속에서 연주 활동을 시작했지만, 성적은 오히려 평균 3등급 이상으로 크게 올랐습니다.
입시공부에 지친 학생들이 연주활동으로 스트레스를 해소하면서 학업에 대한 집중력이 더 높아졌기 때문입니다. 전문가들은 악기를 연주하면 스트레스 해소는 물론 집중력을 높이는 등 학습능력 향상에 도움이 될 수 있다고 말합니다.

인터뷰: *** 교사 / 울산 **고
"경청하는 능력도 기르는 것 같고, 또 집중하는 능력도 길러진 것 같고 무엇보다 이제 친구하고 같이 주고받는 부분도 있으니까 소통하는 부분이 결국에는 이게 수업의 장으로 이어져 가지고 수업뿐만 아니라 학교생활 전반에 아이들이 이제 좀 영향을 미치지 않았나…."

학생들은 다양한 교내활동으로 스트레스 관리를 잘 해야 하지만 주변에선 오히려 반대를 합니다. 성적이 떨어지지도 모른다는 걱정 때문인데요. 입시에 지친 학생들이 학업성적에 도움이 되는 교내활동들을 더 많이 할 수 있길 기대합니다.

출처: http://news.ebs.co.kr/ebsnews/allView/10794598/H

우리 아이들이 책상에 앉아 있다고 공부를 하는 것은 아니다. 눈으로 책을 보고 있다고 공부를 하는 것도 아니다. 공부는 지적인 활동이며 눈에 보이지 않는 활동이다. 또한 책상에 앉아 있거나 책을 읽는다고 성적이 오르는 것도 아니며 공부 외 활동을 한다고 성적이 하락하는 것도 아니다. 상기의 기사처럼, 취미생활이 오히려 우리 아이들의 성적 향상에 긍정적인 영향을 미칠 수 있다. 이 같은 상황을 종합적으로 고려해 볼 때, 우리는 다음과 같은 점을 고민해볼 필요가 있다.

우리 아이들의 성적으로 바탕으로 아이들의 꿈을 설계하고
신장시킬 수 있는 방안에는 무엇이 있는가?

우리 아이들이 저조한 성적을 받았을 때,
올바로 격려하고 지도하는 방안에는 무엇이 있는가?

3-3

미래를 위한 교육

미래의 의미

미래란 무엇인가? 그리고 흔히 이야기하는 미래를 위한 교육은 무엇인가? 최근에 4차 산업혁명이라고 하여 미래에 대한 관심이 그 어느 때보다 뜨겁게 나타나고 있다. 미래를 올바로 파악하기 위해서는 먼저 시간의 개념을 한 번 살펴볼 필요가 있다. 브리태니커 백과사전에는 시간의 개념을 다음과 같이 제시하고 있다.

> 시간은 흔히 과거·현재·미래 3가지로 구분되는 하나의 연속적 개념으로 인식된다. 과거와 미래는 현재(지금)와의 상관관계에서 규정된다. 과거시제는 현재보다 앞선 시간을 가리키고, 미래시제는 현재보다 나중에 오는 시간을 가리킨다. 모든 언어가 이 관계를 일직선상의 관계로 보는 것은 아니며 모든 시간이 과거·현재·미래라는 범주 속

2009년 여름, 자유의 여신상 바로 앞에서 찍은 사진[16]

에 분류되는 것도 아니다. 따라서 시제는 시간을 나타내는 문법적 표현일 뿐이며 시제와 시간의 상호 관계가 반드시 일치하는 것은 아니다. 언어가 실재하는 시간의 개념을 대응할 만큼 많은 시제를 갖고 있지 못하기 때문이다. 영어는 과거·현재·미래라는 시간을 갖고 있지만, 서로 대응하는 시제는 과거와 비과거뿐이다(과거: 존은 라자냐를 먹었다[John ate lasagna], 현재: 존은 라자냐를 먹고 있다[John is eating lasagna], 미래: 존은 라자냐를 먹을 것이다[John will eat lasagna]).

철학자들은 시간에 대한 고찰을 할 때 이것을 2개의 범주로 나눈다. 영국계 미국의 후기 형이상학자 앨프레드 노스 화이트헤드

16 미국의 상징인 '자유의 여신상', 과연 100년 후도 이 자리를 지키고 있을까?

(Alfred Whitehead)와 시간을 연속적인 것으로 생각하는 과정철학자들은, 시간의 흐름이 중요한 형이상학적 사실이기는 하지만 그 흐름은 비합리적인 직관에 의해서만 이해될 수 있다고 주장한다. 반면에 시간을 불연속체의 무한한 집합으로 생각하는 철학자들은, 시간의 흐름이나 시간을 통한 인간의 진보는 환영이라고 주장한다. 과정철학자들은 미래는 열려 있고 과거는 불변하다고 주장하는 반면, 시간의 불연속성을 주장하는 철학자들은, 과거를 바꾼다는 말과 같이 미래를 변화시킨다는 말도 무의미하다고 주장한다.

미래라고 말하고 현재라고 쓴다

지금쯤 독자들 중에는 미래에 대한 개념이 단편적이지 않고 매우 복잡하고 형이상학적 측면의 문제라고 생각할지도 모른다. 물론 미래

2017년 가을, 미래보다 현재를 위해 공부하는 성인학습자 모습[17]

17 이들에게 공부는 '강요된 의무'가 아니라 즐거움?

라는 의미는 간단한 개념은 아니다. 그럼에도 우리는 '4차 산업혁명', '미래 사회'와 같은 미래와 관련된 용어를 별 의미 없이 쉽게 사용하는 경향이 있다. 또한 우리 자신의 미래에 대해서는 다소 막연하게 생각하면서도, 우리 아이들에게는 '열심히 공부해라, 모두 너의 미래를 위한 것이다'라고 말하는 경향이 있다. 성인인 우리는, 미래에 대한 준비[18]도 하지만, 당면한 현실의 문제들을 해결하기 위해 동분서주하고 있다. 그와 동시에 현실의 무게에 지치거나 힘들어 하고 있다. 그렇다면, 우리 아이들은 어떨까? 우리가 평소에 말하는 것처럼, 아이들은 현실보다는 미래를 바라보면서 공부를 하는 것일까? 아니면, 우리처럼, 현재 의무감에서 해야 하는 공부이기에 어쩔 수 없이 하는 것일까?

과거에 기대했던 미래의 모습

여러분의 학창시절을 한 번 생각해보자. 물론 기억이 난다면 유치원 시절도 좋고 초등학교도, 중·고등학교도 좋다. 자, 잠시 눈을 감고 학창시절로 돌아가서… 지금의 모습이 학창시절에 상상했던 바로 그 모습인가? 아니면 전혀 예상하지 못했던 모습인가? 혹시 현재의 모습이 학창 시절에 상상했던 모습과 100% 일치

2013년 가을, 이라크 학생들의 공부하는 모습[19]

18 노후 준비라고 하는 것이 보다 적절하겠다.
19 지금 이 아이들은 어떤 모습으로 성장해 있을까?

하는 사람이 있는가? 있으면 돈을 들어 주기 바란다. 아니 손을 들어 주기 바란다. 한 번 예상해 보자! 지금 이 책을 읽고 있는 독자들 중에서 몇 퍼센트 정도가 학창 시절에 기대했던 미래 모습과 비슷한 모습으로 살고 있는지? 또한 자신의 모습이 과거에 상상했던 것과 어느 정도 일치하는지? 10%, 20%, 30%, 40%, 50%…. 물론 독자들마다 일치율은 모두 다르게 나타날 것이다.

미래 예측의 최적 시기

과거 어느 시기에 상상했던 당신의 미래 모습이 지금의 모습과 가장 많이 일치하는가? 유치원? 초등학교? 중학교? 고등학교? 아마 독자마다 약간의 차이는 있어도 유치원이나 초등학교보다 중학교, 고등학교로 갈수록 일치하는 비율이 높아질 가능성이 많다. 물론 일부 독자들 중에는 지금의 나의 모습은 유치원, 초등, 중등학교시절뿐만 아니라 대학 때에도 전혀 상상하지 못했다고 응답할지 모른다. 이처럼 현재의 우리 모습은 우리의 학창시절에는 상상하기 어려웠던 것일 수도 있다. 그럼에도 우리는 왜 아이들에게 미래를 위해서 열심히 공부하라고 말하고 있는가? 어차피 우리 아이들의 미래 모습은 상상하기 불가능하니까 미래를 예측하는 데 도움을 줄 수 있는 공부라도 열심히 하라는 의미에서 요구하는 것인가? 아니 요구가 아니라 강요하는 것인가? 인생을 살아보니

2012, 겨울, 수업 중 밝게 웃는 케냐 학생들[20]

20 이들이 바로 케냐의 미래가 아닐까?

학창시절에 공부만큼 중요한 것이 없었기 때문에 그런 것인가? 학창시절에 공부를 잘 했더라면 지금보다 좋은 직장에서 더 많은 보수를 받을 수 있기 때문인가? 공부를 열심히 하면 그만큼 성공할 확률이 높기 때문인가?

차이나는 공부 1

물론 우리 아이들에게 공부는 중요하다. 특히 학창시절에 공부는 학생의 의무라고 말할 수 있을 정도로 중요하다. 그런데 여기서 두 가지 의문이 생긴다. 먼저, 공부는 우리 아이들에게만 중요한 것인가? 성인에게는 공부가 필요 없는 것인가? 물론 독자들 중에는 공부가 학창시절뿐만 아니라 전 인생을 통틀어 중요하고 필요하다고 느끼는 분들이 많을 것이다. 회사에 취직을 해도, 자영업을 해도, 학교에서 아이들

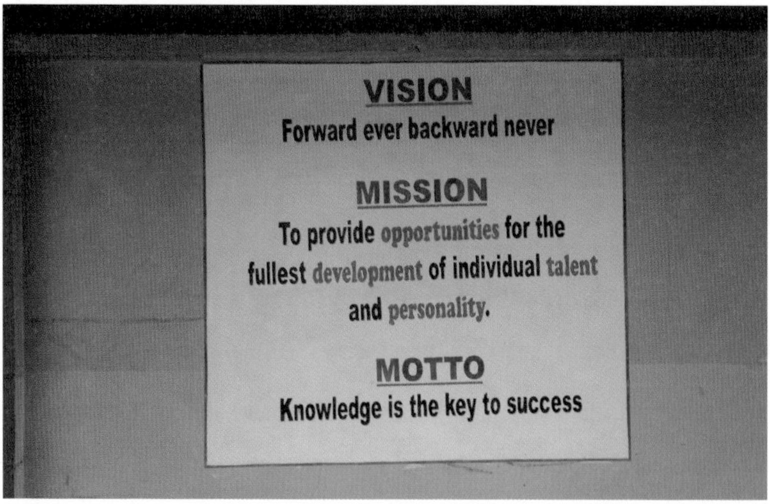

2012년 겨울, 케냐의 한 초등학교 교실벽면에 붙어 있는 표어[21]

21 'Vision', 'Mission', 'Motto'의 내용이 흥미롭다.

2017년 가을, 성인학습자들의 공부 모습

을 가르쳐도, 공부는 반드시 필요하다. 다만 차이가 있다면 학창시절에 했던 공부와 성인이 되어서 수행하는 공부는 그 의미와 유형에 차이가 있다는 점이다.

차이나는 공부 2

그렇다면 여기서 우리는 두 번째 의문이 생긴다. 도대체 공부의 성과는 무엇인가? 학생들에게 지금 하고 있는 공부의 성과가 무엇이냐고 질문하면, 대부분 성적, 또는 등수와 같은 가시적인 결과를 지칭할 가능성이 높다. 그렇다면 성인에게 공부의 성과는 무엇인가? 물론 성인에게 책상에 앉아서 하는 것만 공부는 아닐 것이다. 그렇다면 성인에게 공부는? 공부의 결과는? 아마 이 질문에 대한 성인들의 대답은 각기 자신이 처한 상황에 따라 모두 다르게 나타날 가능성이 높다.[22] 왜 이런

22 공인중계사와 같은 각종 자격증 취득을 위해 공부하는 성인들에게, 공부의 성과는 아이들이 의미하는 바와 비슷하게 도출될 가능성이 높다고도 볼 수 있다. 과연 그럴까?

현상이 나타나는 것일까? 우리 아이들이 수행하는 공부와 성인의 공부와 본질적인 차이가 있기 때문일까? 아니면 아이들은 자신의 먼 미래를 위해 공부하는 것이고 성인은 아이들에 비해 시간적으로 멀지 않은 미래를 위해 수행하기 때문에 나타나는 현상인가?

차이나는 공부 3

그렇다면, 공부의 성과는 어느 쪽이 예측하기 더 쉬울까? 또한 어느 쪽이 성과를 도출하기 용이할까? 우리 아이들의 공부일까? 아니면 성인들의 공부일까? 물론 성인보다는 학창시절의 공부가 보다 쉬우며, 공부하면서 기대한 것과 비슷한 결과가 나올 가능성이 높다고 예측할 수 있다. 여러분들 중 회사나 사회생활 경험이 있으신 분들은, 회사나 조직생활을 하다보면 자신이 노력한 만큼 성과를 얻지 못하는 경우가 많다는 것을, 몸소 느껴보고 체험해 보았을 것이다. 또한 사업이나 자영업을 하시는 분들 중에는, 성실하게 노력하고 수행한 것 만큼 성과가 도출되기 쉽지 않다는 점을 직접 체험해 본 경험이 있을 것이다. 이와 더불어, 상황에 따라, 정말 열심히 노력했는데, 그 성과를 직장 상사나 동료들이 대신 받는 것을 체험해 본 경우도 있을 것이다. 아니면 전혀 뜻하지 못한 주변 환경의 영향으로, 성과는 커녕 도리어 손실을 보는 경우도 비일비재하다고 볼 수 있다. 이 같은 경험을 하고 있는 성인들의 입장에서 보면, 우리 아이들의 '공부의 성과'는 노력한 만큼 도출되는 진실하고, 정직하고, 예측 가능한 결과라고 볼 수 있다.

우리가 학창시절 때, '공부 열심히 하라'는 부모의 말씀이 그렇게 듣기 싫었는데, 지금 우리가 아이들에게 동일한 말을 하고 있다. 그런데, 우리 아이들도 성인이 되면, 자기 자녀들에게 동일한 요구를 하게 될지도 모른다. 그럼에도, 아래와 같이 말해보는 것이 어떨까?

2017년, 겨울, 과테말라 거리에서[23]

"애들아! 공부 힘들지! 나중에 성장하면 사회생활도 힘들텐데…. 지금은 좀 쉬도록 해라! 공부는 나중에 해도 되잖아!"

변화된 모습

대학에서 학생들을 가르치다보면, 군대를 제대한 복학생들 중에 이전의 학교생활과 180도 달라지는 경우를 종종 목격하게 된다. 물론 모든 복학생들에게 군 생활이 의미가 있고 좋은 결과를 도출한다는 것은 아니다. 또한 군대 시절에, 선임이나 지위관이 제대 후 열심히 공부해야 한다고 압력을 가했기 때문에 변화된 것은 절대 아닐 것이다. 그렇다면 무엇이 그들을 변화시켰는가? 그리고 그 변화는 학생들에게 바람직한 변화인가?

23 사진의 변화된 모습이 보이는가? 왼쪽에 외국인이 걸어오는 모습이 작게 보이고 점차 나에게 다가와 결국에는 나와 함께 사진을 찍었다. 마치 연출된 것처럼….

다음은 스포츠 경향(2017. 12. 6.) 기사[24] 중 일부이다.

[방승호 교장의 마음의 반창고] 사람을 변화시키는 자격증의 힘

[아현정보산업고 방승호 교장]

○○이와 상담 테이블에 앉습니다. 호기심 많은 ○○이에게 '흥미로운 것'을 물었습니다. 머리 스타일링, 그리고 수학, 축구라고 했습니다. 각각에 대해 좀 더 구체적인 이야기를 나눴습니다.
자기 머리는 직모로, 다른 사람들과 다르게 머리가 엄청 뻗친다고 했습니다. 그런데 중학교 2학년 때 형을 따라 처음 간 미용실 디자이너가 머리 커트와 스타일링을 해 주었는데 정말 만족했다고 했습니다. 이후 자신도 미용인이 돼 자기처럼 머리 때문에 스트레스 받는 사람들을 도와주고 싶은 생각이 들었다고 했습니다. 수학은 배배 꼬아 놓은 문제를 풀었을 때 집중력과 성취감이 희열로 돌아온다고 했습니다. 축구는 하나의 팀으로 11명이 한쪽 끝에서 반대쪽 끝으로 11명이 '적'을 젖히고 협동해 골을 넣었을 때 세상을 다 가진 것 같은 기분이 든다고 했습니다.
○○이에게 꿈을 물었습니다. 자기한테 머리를 맡긴 손님들이 만족하며 나가는 것이라고 했습니다. 이렇게 멋진 미용사가 되기 위해 가장 부족한 것은 끈기라고 했습니다. 계속하다 슬럼프가 올 수도 있고, 힘들면 포기하고 싶을 수도 있기 때문이라고 했습니다. 세상엔 수많은 머리들이 있고, 그 머리를 다 파악하려면 끈기가 필요하다고 했습니다. 그래서 경험을 많이 해야 한다고 했습니다.
이 꿈을 위해 해야 할 일은 '부지런함'이라고 합니다. 아무것도 하지 않고 버리는 시간을 줄이겠다고 했습니다. 매장에서 일을 하며 손님들에게 더 밝게 인사하고 선생님들의 손동작을 잘 보고 어떤 손님에게 어떤 손동작으로 하는지, 그 손님의 두상이 어땠는지를 기억해 두겠다고 했습니다.
○○이는 자격증을 따는 것이 힘들었다고 했습니다. 다시 하려면 못할 것 같다

24 http://sports.khan.co.kr/bizlife/sk_index.html?art_id=201712061801003&sec_id=563101

고 했습니다. 수업 마치고 자격증을 취득한 친구들은 놀러가고 같이 수업받던 한두 명 친구들이 빠지면서 스트레스를 받고 마음이 급해졌다고 했습니다. 시험장 생각만 하면 너무 막막하고 겁이 났다고도 했습니다. 떨어질 때마다 너무 창피하고 허무하고 힘이 들었다고 했습니다. 다시 할 엄두가 나지 않고 짜증도 나고 화가 났지만 마음을 다스리고 다시 연습하고 시험을 보았다고 했습니다. 합격했을 때 꿈만 같았고 합격이 맞는지 자기 눈을 의심했다고 했습니다. ○○이는 미용사 자격증이 19년 자기 인생 중 가장 큰일이라고 말했습니다.

[중략]

○○이는 중·고등학교 시절 내내 나쁜 행동패턴으로 스스로를 구속하면서 어려움을 겪고 아쉬운 시간을 보냈습니다. 마치 철길에서 노는 아이들처럼 불안하게 지낸 것입니다. 그렇게 힘들게 지냈던 ○○이가 어렵게 취득한 미용사 자격증 덕에 자신 안에 있는 무한한 가능성과 마주했습니다. 그동안 두려움으로 막혀 있던 것이 이제 뚫린 것입니다. 앞으로도 미용사 자격증이 또 다른 변화를 만들어 ○○이 삶을 채워 줄 것으로 기대해 봅니다.

[후략]

출처: http://sports.khan.co.kr/bizlife/sk_index.html? art_id=201712061801003&sec_id=563101#csidx537e6dc2f6164c9bd2e2d2244dc557c

우리 아이들의 미래는 어떠한 모습일까? 우리는 아이들에게 '너희의 미래는 네가 하는 공부에 달려 있으니 열심히 공부해라'라는 말 밖에는 할 수 없는 것일까? 이 질문은 이 책을 통해서 우리가 함께 생각하고 해결하고자 하는 것이다. 이상 관련된 여러 내용을 종합해 볼 때, 우리는 다음과 같은 점을 고민해볼 필요가 있다.

우리 아이들의 미래를 위한 교육에는 무엇이 있는가?

공부를 싫어하는 아이들에게 딱 맞는 활동에는 무엇이 있는가?

3–4

팔아야 이익?

팔다 & 이익의 의미

'팔다'는 '(돈을 받고) 어떠한 물건을 남에게 넘겨주다', '(값을 받고) 노력을 남에게 제공 한다'라는 의미를 지니고 있다.[25] 또한 무엇인가를 파는 행위에는 이익 창출이라는 잠재된 목적을 내재하고 있다. 즉, '팔다'에는 반드시 '정신적으로나 경제적으로 보탬이 되는 일', '기업의 총소득에서 모든 비용을 빼고 남은 수수한 소득'을 의미하는 이익을 수반한다. 쉽게 말하면, 물건을 파는 사람은 이익이 남기 때문에 재화나 서비스를 파는 것이고 손해가 난다면 팔지 않을 것이다. 즉, 파는 행위의 목적은 이익이라고 볼 수 있다. 그런데 무엇인가를 팔기 위해서는 '무엇'이 있어야 하며 이 전제 조건이 형성되었을 때 비로소 이익을 얻을 수 있는 것이다.

25 연세한국어전자사전.

2017년 봄, 과테말라 산골학교의 매점 모습 및 메뉴판[26]

어떤 경우에도 이익이 있을 때 판다?

2017년 봄, 과테말라 산골 학교 자율매점의 매매 모습[27]

우리 주변을 살펴보면, 장사를 하시는 분들 중에서 손해를 보면서 물건을 파는 경우를 본 적이 있을 것이다. 이 같은 경우는 크게 두 가지로 분류할 수 있다. 첫째, 지금은 손해를

26 여기서는 학생들이 매점을 직접 운영하는 그 수익으로 수업자료를 구입하여 사용하고 있었다.

27 매점을 운영하는 학생들이 직접 제조한 음료수를 팔고 돈을 받는 모습이다.

2013년 가을, 이라크 상점 및 그곳에서 구입한 캔 콜라[28]

보지만 조만간 이익이 기대가 되는 경우, 둘째, 남아 있는 물건을 모두 팔고 정리하고자 하는 경우로 구분할 수 있다. 그러나 남은 물건을 모두 팔고 정리하고자 하는 경우에도, 크게 보면 기대비용을 포함한 이익이 남기 때문에 판다고 볼 수 있다. 따라서 어떤 경우에도 손해를 기대하면서 재화나 서비스를 제공하는 경우는 없다고 볼 수 있다.

파는 행위가 선행되어야 이익이 온다

그런데 여기서 우리가 한 가지 생각해 볼 사항이 있다. 이익을 남기기 위해서 먼저 해야 할 일이 있다면 그것은 무엇일까? 해답은 이미 앞의 문장에서 쉽게 찾을 수 있을 것이다. 그것은 바로 물건을 팔아야 한

28 영어가 아닌 아랍어 문구가 인상적이었다.

다는 것이다. 이익만을 추구한다고 해당 이익을 얻을 수 있는 것은 아니다. 앞에서도 언급하였듯이, 반드시 무엇인가를 팔아야 한다. 우리에게 재화나 서비스가 있다고 해도 그것을 팔지 않는다면 이익을 얻기 어려울 것이다. 물론 이익 자체에 초점을 두고 보면, 이익을 극대화시키기 위해서는 반드시 경쟁력 있는 가격에 물건을 팔아야 한다. 또한 최대한 이익이 많이 나올 것으로 예상되는 최적의 시기에 팔아야 한다는 조건이 있기는 하지만….

지금 무슨 말을 하고 있는 거야!

이 책을 열심히 읽어 온 독자(단, 여기부터 읽는 분 제외)에게는 이번 주제가 다소 생소하고 지금까지 다루어 온 내용들과도 동 떨어진다고

2014년 가을, 수업 후 학생들과 함께[29]

29 나는 선생으로서 이들에게 어떤 이익을 주었을까? 도리어 각종 발표, 보고서, 시험 등으로 괴롭게 한 것은 아닌가?

생각할 수 있을 것이다. 아니 공부와 이익이 무슨 관련이 있단 말인가? 공부가 무슨 물건을 파는 행위인가? 라고 생각할 수 있을 것이다. 그런데 여기서는 바로 이 부분을 다루고자 한다. 우리가 지금까지 학업, 또는 공부와 관련된 내용을 다루면서 한 가지 간과해 온 것이 있다. 과연 우리의 아이들은 학업이나 공부를 통해 이익을 얻고 있는가? 이익을 얻고 있다면, 우리 아이들이 얻고 있는 이익은 무엇인가? 우리 아이들도 공부를 통해서 이익을 얻고 있다고 생각할까? 그 비율은 얼마나 될까?

이익 없이 지속할 수 있는 행위

2012년 겨울, 케냐의 한 사파리의 모습[30]

여러분들 중에 자신에게 이익이 없어도 1, 2년 또는 10여 년간 동일한 행위를 지속할 수 있는가? 물론 여러분들 중에는 독서, 여행, 바둑, 등산, 낚시 등 취미 생활을 예로 들면서, 이익 없이 지속할 수 있는 일들이 많음을 어렵지 않게 증명하고자 할 것이다. 그렇다면, 상기와 같은 취미 생활을 통해, 여러분들이 얻는 이익은 없는가? 아무런 물리적, 정서적 이익 없이 취미활동 자체를 즐길 수 있는가? 독서, 여행, 바둑, 등산, 낚시 등 취미 생활을 한다는 것 자체는 그것들로

30 사자와 소 떼를 볼 수 있다고 해서, 주말에 시간을 내서 사파리를 방문했지만 보이는 것은 한가로이 거닐고 있는 사슴 뿐… 사자는 어디에….

2012년 겨울, 케냐의 한 중학교 수학시간 모습[31]

부터 유·무형 이익[32]을 얻고 있기 때문이 아닌가?

공부를 지속하는 것은 이익 때문?

예를 들어, 여행이나 취미 생활의 경우, 재정적, 시간적으로 많은 비용과 시간을 지불해야 하고 물리적인 대가나 이익을 얻을 수는 없지만, 무엇인가 자신의 삶에 도움을 주고 이익이 되기 때문에, 지속할 수 있는 것이 아닌가? 그렇다면, 우리 아이들이 학교나 학원에서 공부를 지속하는 것은, 자신에게 무엇인가 이익이 되기 때문인가? 아니면 학교나

31 이 아이들은 수학 수업을 통해 어떤 이익을 얻고 있다고 생각할까?

32 이익의 유형을 유형과 무형으로 명확히 구분할 수 있는 기준은 없다. 유·무형의 지식을 눈에 보이는 물리적인 이익과 눈에 보이지 않는 심리적, 정서적 이익으로 구분한다고 해도, 상호 간의 상관이 있고 복합적으로 작용하기 때문에 구분에 어려움이 있다. 다만 여기서는 모든 유형의 이익을 지칭하고자 다소 무리하여 사용하였음을 이해하여 주기 바란다.

학원에서의 공부를 통해서는 직접적인 이익을 얻지 못하지만 교사의 가르침, 친구 관계, 급식, 소풍, 오락 활동 등에서 이익을 얻고 있기 때문인가? 잠시 눈을 감고, 우리 아이들이 공부를 통해 얻는 이익에는 무엇이 있는지 생각해 보도록 하자. 지금 이 책을 읽고 있는 당신은, 학창 시절의 공부를 통해서 이익을 얻었는가? 아니면 도리어 불이익을 당했는가?

공부로 이익을 얻는 방법

앞에서 언급하였듯이, 이익을 얻기 위해서는 재화나 서비스를 제공하고 상응하는 대가를 받아야 한다. 즉, 공부를 통해 얻은 성과, 성과와 관련된 무엇인가를 팔아야 한다. 그렇다면, 우리 아이들이 공부를 통해서 이익을 얻는 방법에는 무엇이 있을까? 공부 자체는 눈에 보이는 실체가 아니며 그 성과도 비가시적인 것인데 어떻게 사고 팔고 이익을 얻을 수 있을까? 아마 지금 글을 읽고 있는 독자들 중에는 "지금 무슨 말을 하는 거야? 도대체 공부로 이익을 얻다니… 내가 사십 평생을 살아왔지만 공부로 이익을 얻는 방법이라는 말은 처음 듣네…." 하면서 실소를 머금고 있을지도 모른다. 정말 공부의 성과는 비가시적이기 때문에 팔 수도 없고 이익을 볼 수 없는 것일까? 이로 인해, 우리가 공부의 성과로 도출할 수 있는 것은 성적, 등수, 내신등급과 같은 시험 결과 밖에는 없는 것일까? 물론 시험의 결과는 공부로부터 도출되는 작은 성과라고 볼 수 있다. 그런데 우리 학생들은 시험 결과, 즉 성적을 공부의 성과, 이익이라고 생각하지 않는다. 다만 예외는 있다. 이전보다 등수나 점수가 향상된 경우는 나름대로 성과를 얻었다고 생각할 수 있을 것이다. 그러나 준거참조평가(절대평가)보다는 규준참조평가(상대평가)로 아이들의 성적을 판단하는 현 교육평가체제 하에서, 성적이 향상된 경우가 있으면 반

2014년 가을, 아프카니스탄 기술학교에서의 수업 모습[33]

2014년 겨울, 환하게 웃는 케냐 학생들[34]

드시 하락한 학생들도 있게 된다. 따라서 모든 아이들이 자신의 공부를 통해 이익을 얻었다고 인식하기 위해서는 공부의 성과를 팔아야 한다. 아무리 보잘 것 없고 작은 성과라도 소중히 다루어주어야 한다. 또한 그것을 표현하고 드러내고 발표하고 활용해 볼 수 있는 기회를 제공해주어야 한다. 우리가 아이들의 공부의 성과를 존중해 주는 것, 이것이 바로 공부로 이익을 얻게 하는 첫 걸음이라고 할 수 있다.

33 이들에게 학업은 생존이고 미래였다. 수업시간에 참여하는 진지한 모습을 통해, 최선을 다 해 공부하는 것 같다는 느낌을 받았다.

34 저자를 밝은 웃음으로 맞이하는 아이들의 모습. 어려운 환경 속에서 수행하는 공부가 이들에게 큰 이익으로 돌아오기를 바란다.

학교공부를 통해서 얻는 이익

그렇다면, 우리 아이들이 학교에서 공부를 하면서 얻는 이익에는 무엇이 있을까? 아마 많은 경우에 친구관계, 취미 및 오락 활동이라고 응답했을 가능성이 높을 것이다. 물론 학교나 학원 공부를 통해서 직접 얻는 앎의 즐거움, 모르는 문제를 풀었을 때의 희열감 등을 이익으로 나열하는 경우도 있을 것이다. 그러나 학교생활, 학원생활, 친구관계, 취미 및 오락 활동 등은 상호 관련이 있기 때문에 칼로 베듯이 명확하게 구분 짓기는 불가능하다. 다만, 성적, 등수, 내신과 같은 경쟁적인 교육 상황을 감안해 볼 때, 학교나 학원공부를 통해 유·무형의 이익을 얻고 있다고 인식하는 비율은 낮을 것이다. 그것보다는 타인과의 비교 없이 자신의 준거에 의해 결정되는 친구관계, 취미 및 오락 활동

2016년 가을, 국제학술대회에서 한 컷[35]

35 효과적인 교수학습방법에 대한 연구결과를 발표하는 학술대회. 그러나 그 본질은 우리 아이들에게 도움을 주는 교육을 수행하기 위한 것이다.

을 통해서 즐거움과 행복감 등의 이익을 보고 있다는 아이들이 더 많을 것이다.

성적을 통해서는 이익을 얻을 수 없다?

만약 성적을 이익으로 본다면, 그것은 총량이 정해져 있는 '제로섬(zero-sum)'과 비슷하기 때문에 모든 학생들이 동시에 이익을 얻을 수 없는 구조라고 가정할 수 있다. 또한 친구관계나 취미, 오락 활동을 통해서는 자신의 장점과 특기를 동료나 타인에게 어필하고 그로부터 얻는 이익이 발생할 가능성이 높은 반면에, 성적을 통해서 자신의 장점과 특기를 내세울 수 있는 학생은 일부에 불과하다. 특히 지금과 같은 경쟁적인 구조 하에서는 공부를 통해 이익을 보는 경우는 극히 제한적이

2013년 가을, 이라크 교사들의 의견을 청취하면서[36]

36 KOICA 직원 선생님과 함께 대한민국에서 건립해 준 학교시설의 확충, 교육자료, 교사연수 등에 대한 다양한 의견을 청취하였다.

라고 밖에는 볼 수 없다. 또한 자신의 소질이나 재능에 바탕을 둔 공부보다는 성적과 내신 등급을 높이거나 유지하기 위한 방편으로 수행되는 학업을 통해서는, 모든 아이들이 이익을 얻기는 불가능하다.

이익을 수반하는 공부의 실현

그럼에도 우리는 아이들에게 친구관계나 취미 및 오락 활동보다는 학교, 학원에서의 공부에 최선을 다하라고 독려하고 있다. 우리는 이 부분에 대해서 심각하게 고민해야 할 것이다. 특히 우리 아이들이 자신의 재능과 특기를 살리고 이를 통해 타인에게 인정받고 이익을 얻을 수 있는 유형의 공부를 수행할 수 있는 방안에 대해 연구하고 실행할 필요가 있다. 물론 이 같은 활동이 쉽지 않지만 우리가 반드시 수행해야 할 사항이다. 한 가지 확실한 점은 지금 우리 아이들이 겪는 공부로 인해 수반되는 어려움을 이후 세대에는 물려주지 않아야 한다는 점이다.

다음은 Chosun Biz(2017. 12. 7.) 기사[37] 중 일부이다.

> **행복 컴퍼니 휴넷 스토리… 세상에서 가장 많이 공부하는 회사의 행복지수는?**
>
> [우병현 디지털전략실장]
>
> [전략]
>
> 조 대표는 휴넷을 1999년에 설립하면서 가장 공부를 열심히 하는 회사로 만들겠다고 마음을 먹었다. 이는 휴넷이 교육회사를 지향하는 점을 감안한 것이지만, 공부하는 삶을 좋아하는 개인 취향을 반영한 것이었다. 그는 매일

37 http://biz.chosun.com/site/data/html_dir/2017/11/19/2017111900353.html

10여 종의 신문을 꼼꼼히 읽고 1년에 50권을 정독하는 것을 포함해 300여 권을 독서하는 습관을 갖고 있다. 그렇게 자신을 단련하는 동안 경영학, 리더십, 인문학, 중국, 자기계발, 자녀교육 등 많은 분야에서 깊은 지식을 쌓아 언제든지 강의를 할 수 있는 수준에 이르렀다.

조 대표는 학습하는 회사상을 만들어 실천하는 이유로서 3가지를 들었다. 첫째, 디지털 시대는 빛의 속도로 새로운 지식이 쏟아지는 시대다. 학교에서 배운 지식으로 평생을 먹고 살 수 없고, 오히려 이전 지식을 얼마나 잘 폐기하느냐에 따라 생존하고 번영하고 있다. 저자는 '90세에도 자기계발을 멈추지 않아야 한다'는 유발 하라리의 주장에 공감한다.

둘째, 조 대표는 직원의 경쟁력은 직원의 학습량에 달려 있다고 본다. 실제 늘 학습하는 직원이 고객의 마음을 읽을 수 있고, 새로운 현상을 맞이했을 때 유연하고 창의적으로 해결 방안을 찾을 수 있다. 셋째, 조대표는 휴넷이 교육 사업체라는 정체성에 맞게 가장 공부를 많이 하는 회사가 되어 다른 회사에 롤 모델이 되는 것을 목표로 삼고 있다.

조 대표가 소개한 휴넷의 사내 학습 제도는 놀라움을 준다. 휴넷의 모든 직원은 하루에 한 시간을 공부해 1학점을 따고 이를 1년 내내 실행해서 365학점을 반드시 따야 한다. 다만 공부의 소재에 영화와 같이 텍스트가 아닌 것도 포함시켜 학점 제도에 유연성을 부여했다. 하지만 아무리 영업 등 본업의 실적이 좋아도 365학점에 미달하면 승진 심사에서 감점을 주는 방식으로 이 제도를 엄격하게 관리한다. 실천하면 좋고 안 하면 그만인 제도가 아니라 반드시 실행하도록 하는 강력한 학습 시스템이다.

휴넷은 매주 금요일엔 1시간 일찍 출근해 외부 강사로부터 강연을 듣는 휴넷 아카데미를 운영한다. 필자도 <구글을 가장 잘 사용하는 직장인되기>라는 주제로 휴넷 아카데미에서 강연을 했다. 5년을 근무한 직원에게 한 달 동안 학습 휴가를 주는 것은 조선시대 세종대왕이 인재 교육을 위해 시행했던 '사가 독서'를 연상케 한다. 이밖에 휴넷은 회사의 각 영역에 필요한 지식을 학습하는 '필드 포럼', 사내 대학인 '휴넷 유니버시티'를 운영하고 있다. 최근 조 대표는 금요일 하루를 학습에 집중하는 금요일 러닝데이를 시범운영하고 있다.
휴넷의 각종 학습 제도는 국내는 물론 세계 어디에 내어놓아도 모범이 될만한 수준이다. 기업 현장을 보면 리더가 아무리 의지를 갖고 학습 제도를 도입해도, 실제 제대로 실행하면서 원하는 효과를 얻기란 하늘의 별따기와 비슷하다. 물론 몇몇 회사가 직원들에게 의무적으로 책을 읽히는 '독서 경영'을 통해 회사 경쟁력을 획기적으로 높였다고 평가를 받는다. 하지만 그런 회사는 극소수에 불과하며 나머지는 시장의 경쟁에 매몰되어 학습제도를 형식으로 운영하기 마련이다.

[후략]

출처: http://biz.chosun.com/site/data/html_dir/2017/11/19/2017111900353.html
#csidx68a9a9eace296e7861803d2d01b8925

우리 아이들에게 이익을 가져다 주는 공부는 어떤 모습일까? 상기 기사에서 나오는 회사는 왜 사원들을 공부하게 만드는 것일까? 한 가지 확실한 것은 그것이 회사에게 이익이 될 수 있다는 믿음 때문일 것이다. 우리 아이들에게 공부가 이익이 될 수 있다는 믿음을 갖게 하는 방법은 무엇일까? 이상 관련된 여러 내용을 종합해 볼 때, 우리는 다음과 같은 점을 고민해볼 필요가 있다.

우리 아이들이 이익을 보면서 공부하는 방법에는 무엇이 있을까?

공부하기를 꺼려하는 아이들을 진심으로 격려할 수 있는
효과적인 방안이 있는가?

CHAPTER

4

행복하지 않은 아이

대한민국 교육이 직면하고 있는 문제들 중의 하나는 학생들의 낮은 학습흥미도이다. 반면에 학습열, 즉 좋은 성적을 받기 위해 공부하고자 하는 열기는 높다. 2008년, 갓 출범한 이명박 정부의 유·초등교육정책을 진단하는 논문 중 「교육전쟁을 넘어 교육평화로」라는 글이 있는데 여기서 주창한 것이 '행복교육론'이었다(박남기, 2008). 당시 제시한 행복교육론의 요체는 "미래를 위해 오늘을 희생하도록 학생들을 강요하는 것이 아니라 배움 과정에서 즐거움을 느끼고 배움의 내용에서 의미를 발견할 수 있도록 이끄는 교육", "커가는 미래주역들이 나만을 생각하는 것이 아니라 함께 하는 사회를 꿈꾸고 만들어 가도록 이끄는 교육", "아이들의 마음속에, 학부모 마음속에, 모두가 함께 하는 행복한 사회를 심어주는 교육"이다. 즉, 배움의 기쁨 부흥을 통한 행복한 학교 만들기였다. 우리나라의 경우처럼 상대평가, 과도한 경쟁 상황에서는 좋은 성적을 받기 위해서는 거의 처절하다 할 정도로 자신과 싸워야하고, 실수를 줄이기 위해 끝없이 반복해야 하기 때문에 학생들이 학습의 기쁨을 맛보기가 어렵다. 배움의 기쁨을 높여주기 위해서 장기적으로는 사회의 과도한 경쟁상황이 완화되도록 신 실력주의사회를 구축하는 것이지만, [중략] 동시에 과도한 스트레스를 받는 상황 속에서도 높은 학습흥미도를 유지하고 있는 학생들을 찾아 그들로부터 해법을 찾는 '밝은 점 찾기' 전략도 구사해볼 필요가 있을 것이다.[1]

---

1 박남기 (2017). 제4차 산업혁명기의 교육개혁 새패러다임 탐색. 교육학연구, 55(1), 211~240.

4-1

추운데 땀나고 피곤한데 잠은 오지 않고

감기의 증상

우리 아이들의 어려운 현실을 하나의 문장으로 나타낸다면, 여러 가지가 있겠지만, '추운데 땀이 나고 피곤한데 잠은 오지 않는 상태'라고 지칭할 수도 있을 것이다. 보통 추운데 땀이 나는 증상을 '감기'라고 지칭하고 피곤한데 잠이 오지 않는 증상을 '불면증'이라고 한다. 물론 감기를 가벼운 생활 질병의 하나로 간주하지만, 브리태니커 백과사전에서 제시하는 감기의 개념을 보면 가벼운 질병은 아닌 것 같다.

> 상기도(上氣道)에서 시작되는 바이러스 감염. 하기도(下氣道)로 더 퍼지기도 하며 눈이나 귀에 2차 감염을 일으키기도 한다. 감기와 다

른 호흡기 감염증과의 차이점은, 감기는 열이 안 나고 비교적 증상이 가볍다는 점이다. 감기를 일으키는 바이러스는 90종이 넘으며 한꺼번에 2가지 이상의 바이러스에 의해 감염되는 경우도 있다. 사람들 간의 접촉으로 퍼지는데, 자신은 아무런 증상 없이 바이러스를 전염시킬 수도 있다. 잠복기는 1~4일 정도로 짧고, 증상이 나타나기 전에도 남에게 전염되지만 증상이 나타나는 동안에 전염력이 가장 크다. [중략] 감기에 걸리면 콧물이 제일 먼저 나오는데, 처음에는 물처럼 맑고 양이 많다가 시간이 지나면서 찐득거리고 점액성분이 많아지는데, 피가 약간 섞이고 색깔이 누렇게 된다. 기침과 함께 가래가 나오기도 한다. 결핵, 기관지염, 폐농양, 심막염(心膜炎)이나 심낭염(心囊炎) 등과 같이 감기와 비슷한 증상을 나타내는 심각한 병을 감기로 착각할 수도 있다. 치료는 충분한 휴식을 취하고 적절한 수분섭취로 증상을 완화시켜 주며, 2차 감염을 막기 위해 항생제를 쓰기도 한다.

2013년 여름, 케냐 나이로비에 위치한 한 초등학교의 학생 모습[2]

2 케냐 나이로비는 적도 바로 밑에 위치한 열대지방임에도 8월의 기온은 아이들에게 춥게 느껴지는 것 같다. 이곳은 8월이 겨울에 해당되는 시기라서 그러는 것 같다. 나는 반팔을 주로 입었는데….

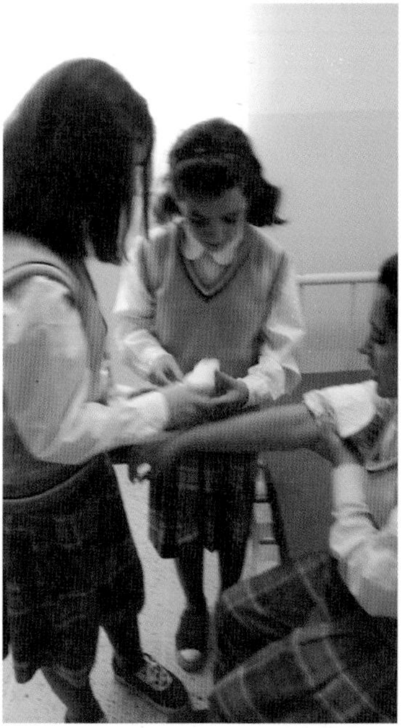

2013년 가을, 이라크 학생들의 치료 실습 장면[3]

공부 감기의 증상

이 같은 감기의 의미를 우리 아이들의 공부 상황에 빗대어서 기술하면 다음과 같이 나타낼 수 있을 것이다.

지나친 공부를 통해 나타날 수 있는 바이러스 감염. 유치원에서 고등학교로 진학할수록 더 퍼지기도 하며 친구관계나 부모와의 갈등과 같은 2차 감염을 일으키기도 한다. 공부를 통해 나타나는 행복하지 않은 감정과 다른 정서적인 감정과의 차이점은, 공부로 인해 나타나는 행복하지 않다는 감정은 공부를 하지 않으면 사라진다는 점이다. 또한 학교, 가정, 시험, 대학 등 관련된 바이러스는 90종이 넘으며 한꺼번에 2가지 이상의 바이러스에 의해 감염되는 경우도 있다. 동일한 상황에 있는 학생들 간의 접촉으로 퍼지는데, 자신은 아무런 증상 없이 바이러스를 전염시킬 수도 있다. 잠복기는 1~4일 정도로 짧고, 증상이 나타나기 전에도 남에게 전염되지만 증상이 나타나는 동안에 전염력이 가장 크다.

이것에 걸리면 두통이 제일 먼저 오는데, 처음에는 간헐적으로 오다가 수학이나 영어처럼 기초가 없는 공부를 하는 경우에는 전신이 욱

3 아이들이 서로 공부 감기의 증상을 치료해주면 좋을텐데….

신거리고 열이 나기도 한다. 또한 추운데 땀이 나고 더운데 덜덜 떠는 증상이 나타나기도 한다. 또한 이 증상과 함께 부모에 대한 반항이 함께 나타나기도 한다. 꿈 포기, 무기력, 가출, 일탈 행위 등과 증상을 나타내는 심각한 병으로 착각할 수도 있다. 치료는 충분한 휴식을 취하고 적절한 학습량 조절로 증상을 완화시켜 주며, 2차 감염을 막기 위해 여행이나 취미생활 등과 같은 학생 친화적 처방을 쓰기도 한다.

불면증의 증상

이와 더불어 피곤한데 잠이 오지 않는 증상인 '불면증'을 브리태니커 백과사전에서는 다음과 같이 제시하고 있다.

잠을 제대로 이루지 못하는 증세. 불면증은 그 형태나 정도가 매우 다양하다. 불면의 중요한 원인으로는 잠을 잘 자기 힘든 상태인 순환기 또는 뇌 장애, 질식과 같은 호흡장애, 긴장과 같은 정신신체질환(psychosomatic disease)과 신체적·정신적 고통 등이 있다. 우리 몸은 단지 몇 시간의 수면 보충으로도 쉽게 회복될 수 있기 때문에 가끔씩 불면증이 나타나는 경우는 해롭지 않다. 그러나 규칙적으로 자주 일어나면 신체의 기능과 다른 계통에도 해로운 영향을 미칠 수 있다. 가벼운 불면증에는 수면조건을 향상시키거나 따뜻한 물로 목욕을 하거나 우유를 마시거나 전신이완을 하는 등 전통적 치료를 한다. 불면증이 심하거나 만성일 경우에는 수면제·진정제·최면법 등을 쓴다. 만성불면증일 경우는 정신적인 것이기 때문에 정신요법을 써서 치료한다. 질식이나 그와 관련된 불면증은 수술로 치료한다. 불면증이 자주 나타나거나 재발하는 것을 막기 위해 장기간 약을 복용하는 것은 해로운데, 그 이유는 우리 몸이 약에 대해 내성을 갖게 됨으로써 점차 더 많은 양을 먹어야 하기 때문이다. 습관적으로 복용하면 습관성 중독을 일으킨다.

공부로 인한 불면증 증상

이 같은 불면증의 의미를 우리 아이들의 상황에 빗대어서 기술하면 다음과 같이 기술할 수 있을 것이다.

학교공부에 제대로 집중하지 못하고 멍하게 있는 증세. 이 증세는 그 형태나 정도가 매우 다양하다. 본 증상의 중요한 원인으로는 책상에 앉아도 집중하기 힘든 상태인 사고장애, 생각하기 싫어하는 사고장애, 극도로 머리 쓰기를 꺼리는 멍때리기질환(meongddarigi disease)과 정서적·정신적 고통 등이 있다. 물론 사고력은 단지 몇 시간의 수면 보충으로도 쉽게 회복될 수 있기 때문에 가끔씩 사고불면증이 나타나는 경우는 크게 해롭지 않다고 볼 수 있다. 그러나 정기적으로 자주 발생하게 되면 신체의 기능과 다른 사고 계통에도 해로운 영향을 미칠 수 있다. 가벼운 사고불면증에는 수면 시간 늘리기, 따뜻한 물로 목욕하기, 배고플 때 따스한 우유 마시기, 사고력 이완을 위한 두뇌 스트레칭 등의 치료법이 효과적이다. 사고불면증이 심하거나 만성일 경우에는 재래시장가기, 영화감상, 경기관람, 단기간의 여행 등의 '바람쐬기' 기법이 보다 효과적이다. 사고불면증이 자주 나타나거나 재발하는 것을 막기 위해 억지로 장시간 공부를 시키거나 학원에 보내는 것은 해로운데, 그 이유는 우리 아이들의 사고력이 학원이나 공부에 대한 저항을 갖게 됨으로써 점차 많은 양의 공부를 해도 사고하지 않는 결과가 나타나기 때문이다. 특히 습관적으로 이 처치를 사용하면 습관성 중독을 일으킨다.

언제, 어디서 촬영했는지 기억이 나지 않은 여행지에서 촬영한 다양한 길의 모습[4]

4 우리 아이들도 꽃길을 걸어야 하는데….

2017년 겨울, 분주한 가운데 찾아간 제주도의 어느 숲길[5]

2014년 가을, 서울 근교의 한 카페에서[6]

5 겨울에도 푸르른 나무처럼, 힘든 상황에서도 씩씩하게 생활하길….

6 모처럼 동료, 선배 교수와 함께 차 한 잔 하면서 한 컷. 바쁜 일상 속에서 갖는 이 같

다음은 Chosun.com (2017. 9. 18.) 기사[7] 중 일부이다. 앞의 기사와는 달리, 전문을 올린다. 아직 해당 기사와 관련된 책을 읽어보지 못했지만, 구입해서 읽을 예정이다. 과연 나를 포함한 우리 모두가 이 같은 상황의 예외가 될 수 있을까? 우리 아이들에게도 미안한 마음이 든다.

"내가 수퍼 맘이 될수록, 아이들은 괴물로 변해갔다."

[조선에듀 김세영 기자]

이유남 서울 명신초 교장의 자녀 갈등 극복 이야기
1등 향한 혹독한 교육… 두 자녀 자퇴·갈등으로… 욕심 버리기 가장 어려워

푸릇한 망울이 하나 둘 하얀 꽃잎을 터뜨리던 어느 봄, 이유남(55세) 서울 명신초 교장은 매일 죽음을 떠올리고 있었다. 아침에 눈 뜰 때마다 여전히 펄떡이는 자기 심장을 원망했다. "어쩌면 이렇게 튼튼할까, 제발 좀 멈춰줬으면."

◇ 우등생 자녀 둔 수퍼 맘에게 무슨 일이

지옥이 있다면 여기가 아닐까. 전교 1등을 하던 순둥이 고3 아들이 4월 자퇴서를 내밀며 '부모 동의란에 도장 안 찍으면 아파트에서 뛰어내리겠다'고 했다. 이 교장을 향하는 아들 눈길엔 살기가 등등했다. 등짝을 후리자 '왜 때리느냐'고 달려드는 바람에 집 밖으로 도망쳐야 했다. 한 달 뒤엔 한 학년 아래 딸이 아빠 도장을 몰래 찍어 자퇴서를 제출했다. 딸 아이는 엄마를 투명인간 취급했다. 가끔은 분을 못 이겨 온갖 욕을 쏟아내고 자해했다. 아이들은 각자 방에 틀어박혀 먹고 자고 게임 하고 TV 보는 생활을 이어갔다. 컴퓨터를 부수고 인터넷 선을 잘라봤지만 소용없었다. 신경정신과에 데려가려 했더니 ''당신'이야말로 정신이 이상한 사람'이라며 난리를 쳤다.

은 시간이 생활에 활력을 준다. 억지로라도 나가보자. 우리 아이들과 함께….

7 http://news.chosun.com/site/data/html_dir/2017/09/17/2017091701029.html

스트레스로 숨을 못 쉬어 쓰러지던 순간 '쇼하고 있네' 하는 목소리가 희미하게 들렸다. 어느 날엔 아들과 딸이 치고받다가 딸 코뼈가 부러졌다. 그 와중에 남편 사업이 부도나 빚쟁이들이 몰려왔다. 이 교장은 '하루하루가 전쟁 같았다'고 했다. 10년 전 일이다.

그럴수록 교무실에서 더 활짝 웃으며 아무 일 없는 척했다. 그는 '수퍼 맘'이어야 했다. 스무 살 평교사 시절부터 이 교장은 뭐든 열심이었다. 각종 교사 연수 1위를 차지하고 맡은 반마다 평균 성적을 1등으로 끌어올렸으며 집에선 시부모까지 오래 모셨다. 그는 끊임없이 주변을 의식하며 살았다. 그는 "일등 선생이 자기 애는 얼마나 잘 키우는지 보자며 평가하는 것 같았다."고 했다.

이 교장은 아이들을 혹독하게 훈련시켰다. 자녀 교육을 위해 회식도 마다하고 날마다 칼퇴근을 했다. 그가 현관에 들어서면서 가장 먼저 하는 말은 '숙제 다했어? TV는 얼마나 봤어?'였다. 유난히 받아쓰기를 못하던 초등 1학년 딸은 밤 11시까지 복습을 해야 했다. "엄마, 너무 졸려요.", "넌 잠이 오니? 세수하고 와!" 가족여행 가는 날은 차 안에서 구구단 암기를 시켰다. 못하면 '넌 누굴 닮아 이 모양이냐'며 닦달했다. 90점 받으면 "100점 못 받았다."고 꾸짖고, 100점 받으면 '만점 받은 애가 몇 명이냐'고 물었다. 아이들은 늘 주눅 들어 있었다. 초등생 아들은 교통사고로 자동차 바퀴에 5m를 끌려가 다리가 부러졌던 날도 엄마에게 혼날까 봐 '저 안 아파요!'를 외쳤다고 한다. 아이는 입원한 3개월간 쉬지도 못하고 이 교장에게 학습 관리를 받았다. 학생회장 선거 땐 이 교장이 발표문을 대신 써주고 외우도록 했으며, 포스터는 디자인 전문회사에 맡겼다. 학부모총회가 있다 하면 열일 제쳐놓고 달려갔다. 두 자녀는 매 학기 학생회 임원을 꿰차고 공부 잘하며 예체능에도 능한 아이들로 자랐다. "어릴 땐 뭣 모르고 울면서도 엄마가 하라는 대로 따랐죠. 하지만 알게 모르게 가슴에 화가 쌓였던 겁니다. 그게 고등학교 때 폭발한 거죠. 내가 아이들을 괴물로 만든 거예요."

◇ 방문이 열릴 때까지

어느 날 이 교장은 창밖으로 세차게 내리는 비를 보고 있었다. 저 멀리 교문에서 비를 뚫고 뛰어오는 학생이 보였다. 번쩍 스치는 생각이 있었다. '저 녀석은 비가 와도, 지각을 해도 학교에 오는구나. 우리 애는 집에 있는데…. 아이가 등교하는 일상이 얼마나 대단하고 감사한 일인가', "아이가 평범하게 사는 모습을 다시 볼 수 있다면 그까짓 공부가 다 무슨 소용일까 싶었죠. 그때부터 욕심을 다 내려놓기로 했어요."

이 교장은 '아이에게 각자 재능과 취향이 있다는 점을 인정하는 게 우선이었다'고 했다. "예전엔 아이가 '꿈이 없다'고 걱정하면 '성적 좋으면 뭐든 될 수 있으니 공부나 하라'고 했습니다. 중3 아들이 힙합댄스부에 가입했을 때 학교에 쫓아가 독서논술부로 바꿔버렸죠. 그러니 아이가 얼마나 화가 났겠어요?"

고민 끝에 그는 선택권을 자녀들에게 넘기기로 했다. "애 눈치를 살피며 '하고 싶은 것 없느냐'고 물으니 '그런 거 없어' 해요. 열불이 나죠. 그럴 땐 자신을 돌아봤습니다. 아이들은 상대가 나를 비난하지 않을 거라 판단해야 비로소 마음에 있는 말을 하거든요. '어른들이 원하는 답이 뭔지 알겠지만, 그건 내 답이 아니다'라고 생각 들면 '모른다'고 회피합니다. '하고 싶은 게 왜 없어, 그럼 공부나 하지' 하는 제 속내를 아이가 다 꿰뚫어 본 거죠. 욕심 버리기가 참 어려웠습니다."

그는 아이가 '하고 싶다'고 먼저 말할 때까지 기다리고 또 기다렸다. 수년에 걸쳐 감정코칭 강의를 듣고 역할극을 하며 자녀를 이해하기 위해 애를 썼다. 금기어는 '이건 어때?'였다. 뭐든 제안하는 건 피했다. 아이의 사소한 결정도 존중하고 지지하는 데 온 힘을 기울였다. 자퇴 1년 반 만에 딸이 제과 제빵 학원을 가고 싶다고 하자 '좋은 생각'이라며 학원비를 건넸다. 제과 제빵 대학에 진학한 뒤 '이게 아닌 것 같다'며 두 달 만에 그만둘 때 '살아만 있으면 돼'라고 했다. 수능을 보고 입학한 수도권 대학 사회복지학과를 두 달 만에 자퇴할 때도 '가슴 뛰는 다른 일을 찾아보자'고 했다. 아들은 학사경고를 받으며 휴학을 거듭하다 뒤늦게 대학을 졸업했다. "화가 끓어올랐죠. 등록금이 얼만데요. 하지만 그럴 때마다 예전 지옥 같던 시절을 떠올렸습니다. 방 밖으로 나와준 것만 해도 감사한 일이라고요."

◇ "살아 있으면 돼"

기다림과 지지를 통해 가족 관계를 회복하기까지 7~8년이 걸렸다고 한다. 그 사이 아이들은 하고 싶은 일을 천천히 찾았다. 아들(28세)은 서울의 예술대 문예창작학과를 졸업하고 철학대학원에 재학 중이다. 글을 쓰고 싶다고 했다. 딸(26세)은 미국에서 심리학을 전공한 뒤 귀국해 청소년 교육 기관에 근무 중이다. 영어 한마디 못하면서 미국에 가고 싶다고 하더니 '맨땅에 헤딩' 하며 기어코 높은 학점을 받아왔다. 둘은 하고 싶은 일을 하는 지금이 행복하다고 말한단다. 최근 이 교장은 딸 도움을 받아 책 '엄마 반성문'(덴스토리)를 펴냈다.

이 교장은 아직도 가끔은 욕심이 피어오른다고 했다. "잘 나가는 친구 아이를 보면 '우리 애도 그대로 컸으면 저렇게 됐을 텐데'하는 생각이 들어요. 문예창작학과 간 아들을 신춘문예에 당선시키려면 어느 학원을 보낼까 검색해 본 적도 있어요." 그럴 땐 10년 전 아이를 죽음으로 내몰 뻔했던 순간을 떠올린다. '아차, 내가 또 왜 이러지. 지금 아이들이 행복하다는데 뭐가 더 필요해?' 이 교장은 '잠재력을 믿고 기다리면 아이들은 반드시 자기 길을 찾아간다'고 했다. 그는 잠시 후 말을 정정했다. "아니, 자기 길을 찾지 못해도 괜찮아요. 살아 있는 것만 해도 얼마나 감사합니까."

출처: http://news.chosun.com/site/data/html_dir/2017/09/17/2017091701029.html

지금 우리 아이들은 어떤 상태에 있는지 살펴볼 필요가 있다. 물론 우리가 아이들에게 공부를 하도록 권유하고 강제하는 행위는 앞으로 그들의 삶이 다소 행복해지기를 원하는 마음에서 유발되는 '불가항력적인 압력'이라고 볼 수 있다. 그러나 이 같은 부모의 압력과 권유가 도리어 우리 아이들의 공부를 방해하고 스스로 행복하지 않다고 느끼게 만드는 것은 아닌지 고민해볼 필요가 있다. 우리 아이들도 행복해 지기를 바란다. 먼 미래가 아닌 바로 지금… 당신과 함께….

우리 아이들도 행복하다고 느낄 수 있는
공부방법에는 무엇이 있는가?

공부로 인해 불행감을 느끼는 아이들에게
적합한 맞춤형 지원에는 무엇이 있는가?

4-2

홀로 하는 일은 없어도 결국 혼자

Do It Yourself

'Do It Yourself(DIY)'라는 용어를 들어 본적이 있을 것이다. '집에서 하는 목수 일에 필요한 재료와 기구, 기재를 제공하는 사업'을 의미하는 DIY에 대해 브리태니커 백과사전에서는 다음과 같이 설명하고 있다.

DIY는 'Do-It-Yourself'의 약칭으로 '스스로 만들자'라는 뜻이다. 여가 시간이 늘어나고 목수 부족 현상이 장기화되자 물건을 만드는 것이 취미인 사람들이 늘어나, 이 산업의 규모는 급속도로 확대되고 있다. 종래의 장신구도 DIY 숍으로 바뀌고, 슈퍼마켓에도 DIY 코너가 마련되고 있다. DIY는 제2차 세계대전 후 영국에서 시작된 것으로 알려져 있다. 도시와 집, 가구 등 모든 것이 파괴되어 암담했던 당시 '내 집은 내 손으로 세우자'는 운동이 일어나 그것이 불길처럼 번

2013년 가을, 이라크에 신축 중인 학교건물[8]

2013년 봄, 아이티 총리와의 면담[9]

8 KOICA에서는 이라크 아이들의 교육환경 개선을 위해 대한민국, 이라크의 수많은 관계자들의 협력과 협의가 진행되고 있었다.

9 KOICA에서는 아이티 아이들의 통학환경 개선을 위해 대한민국, 아이티의 전문가들이 협의하고 협력하였다.

져나간 것이다. 이는 그 후 주택수리뿐 아니라 소품과 조립식 가구제작, 인테리어 등으로 확대되었다. 한국에는 1980년대에 소개된 이후 각종 문화교실 등에 단골 강좌로 자리 잡으면서 널리 알려졌다. 특히 주5일 근무제가 도입되면 레저 산업과 함께 DIY 산업이 인기를 끌 것으로 전망된다.

그러나 현실은 어떠한가? 우리 아이들의 학업과 관련하여, 아이들은 혼자서도 공부할 수 있을까?

혼자서도 할 수 있을까?

현대사회는 과거와 달리 대부분의 일들이 전문화, 분업화되어 있기 때문에 다른 사람들과의 협력 없이는 과업을 수행하기 어려운 것이 현실이다. 이러한 현실에서 혼자서 할 수 있는 일은 없을까? 2017년 2학기 '교육방법 및 교육공학'이라는 강의를 수강하는 학생들에게 '혼자서 집을 건축한다면 몇 층까지 지을 수 있을까?'라는 질문을 해 본 적이 있다. 학생들에 따라 다소 차이는 있었지만 1, 2층 정도는 혼자서 건축할 수 있다고 응답하는 경향이 높았다. 물론 일부학생은 1층도 지을 수 없다거나 5, 6층 정도는 건축할 수 있다고 대답하기도 하였다. 이에 다시 모든 학생들에게 '잠실에 있는 롯데월드타워(123층)와 같은 빌딩을 혼자서 건축하는 것이 가능할

롯데월드타워 모습(출처: 롯데워드타워 홈페이지)

까?'라는 질문을 하였다. 이에 학생들은 해당 질문에 응답을 하기보다는 평상시와는 다른 눈으로 나를 응시하거나 '교수님, 왜 그러세요?'라고 묻는듯한 표정을 짓고 있었다. 지금 이 책을 읽고 있는 여러분들은 어떻게 생각하는가? 혼자서 건물을 건축하거나 자동차를 제작하는 것이 가능하다고 생각하는가? 아마 이 같은 질문은 받으면, 여러분들 중에도 '지금 저자(혹은 저 자)가 뭐라는 거야?'와 같은 다소 의아하다는 듯한 말을 하거나 황당한 표정을 지으면서 고개를 갸우뚱하는 모습을 보이는 분들이 있을 것이다. 그러나 동시에 AI, 3D 프린터 등과 같은 새로운 테크놀로지의 등장과 더불어 지금은 불가능하지만 앞으로 가능하게 될지도 모른다고 응답하는 분들도 있을 것이다.

테크놀로지의 도움으로 가능?

최근에 각종 테크놀로지가 개발되고 활용되면서, 우리가 혼자서 할 수 있는 일의 유형은 증가하고 있다. 혹시 '1인 방송'이란 용어를 들어본 적이 있는가? 개인이 혼자서 연출, 촬영, 출연, 편집, 제작, 유통을 모두 수행하는 방송 프로그램을 의미한다. 그러나 엄밀히 살펴보면, 혼자서 하는 것이 아니라 기존에 없었던 하드웨어, 소프트웨어, 저작도구(Authoring Tool) 등을 활용하여 방송을 제작, 편집, 송출하는 것이다.

2014년 겨울, 케냐 교육 방송국 스튜디오[10]

그렇다면, 공부는 어떨까? 공부도 새로운 테크놀로지의 도움을 받으며 교사나 주변 동료의 도움 없이 혼자서

10 케냐에서도 우리나라와 같이, 아이들의 방과후 자율학습에 도움을 주고자 교육방송국을 운영하고 있었다.

도 할 수 있지 않을까?

2013년 여름, 케냐에 있는 삼성전자 센터에서 운영하고 있는 스마트 교실[11]

테크놀로지 활용 교육

실제로, 스마트 폰, 패드, SNS 등 스마트 디바이스와 디지털 테크놀로지의 급속한 발달 및 보급과 더불어, 다양한 테크놀로지의 교육적 활용이 급증하고 있다. 특히 소셜미디어를 포함함 새로운 혁신적인 테크놀로지의 교육적 효용성이 밝혀지면서 그 영역을 점차 넓혀가고 있다.

대학교육에서의 테크놀로지 활용

예를 들어, 대학에서의 소셜미디어 활용은 학습자들의 적극적인 수업참여[12]와 상호작용[13]에 효과적이며 학업성취[14][15]에 도움을 줄 수 있는 것으로 나타나고 있다. 그렇다면, 이전과 달리 교사나 주변 동료의 도

---

11 우리나라의 테크놀로지 교육시스템을 아프리카로 확장 시키고 새로운 마켓을 만들기 위해 삼성전자, LG전자가 노력하고 있었음을 탐색할 수 있었다. 또한 국내 스마트 폰은 현지에서도 인기상품으로 인식되고 있었다.

12 Junco, R., Heiberger, G., & Loken, E. (2011). The effect of Twitter on college student engagement and grades. Journal of Computer Assisted Learning, 27(2), 119~132.

13 Yang, C., & Chang, Y. (2012). Assessing the effects of interactive blogging on student attitudes towards peer interaction, learning motivation, and academic achievements. Journal of Computer Assisted Learning, 28(2), 126~135.

14 Hsu, Y., & Ching, Y. (2012). Mobile microblogging: Using Twitter and mobile devices in an online course to promote learning in authentic contexts. The International Review of Research in Open and Distance Learning, 13(4), 211~227.

15 Junco, R., Elavsky, C., & Heiberger, G. (2012). Putting twitter to the test: Assessing outcomes for student collaboration, engagement and success. British Journal of Educational Technology, 44(2), 273~287.

16 호주정부에서 동티모르 대학에 영어학습 관련 컴퓨터실을 구축해주었으며 UN을 비

2012년 봄, 동티모르의 한 대학 컴퓨터실과 복도에 쌓여 있는 컴퓨터 관련 장비실[16]

움 없이 혼자서 효과적으로 공부하는 것이 가능한가? 여러분들은 어떻게 생각하는가? 한 가지 확실한 것은, 새로운 테크놀로지의 활용은 우리 아이들의 학습에 도움을 줄 수 있다는 점이다.

테크놀로지가 공부를 쉽게 만드는가?

이전에는 유명 강사의 강의를 수강하기 위해서는 해당 학원에 직접 등록을 하고 정해진 시간에 출석을 해야만 했지만 지금은 온라인 상에서 접속만 하면 효과적으로 공부를 할 수 있다. 또한 비용적인 면에서도 과거와는 비교할 수 없을 정도로 무료 또는 매우 저렴한 가격으로 수강(예: 강남구청 인터넷 강의, EBS 강좌)할 수 있게 되었다. 그렇다면 학생들에게는 이전보다 공부라는 학습활동을 수행하는 과정이 쉬워졌는가? 쉽게 이야기해서, 이전보다 혼자서 공부하기가 쉬워졌는가? 지금 옆에 중고등학생들이 있으면 한 번 물어보기 바란다. 공부하기가 쉬운지…. 결론부터 말씀드리면, 테크놀로지가 보급되기 이전이나 지금이나, 그리고 미래에도 공부는 쉬운 활동이 아니다. 그리고 각종 테크놀로지가 발전하고 효과적으로 활용한다고 해도, 공부는 혼자서 할 수

롯한 세계 각국에서 각종 테크놀로지를 무상 공급해 주고 있었다.

서울시교육청 운영 사이버가정학습 꿀맛닷컴 홈페이지[17]

있는 활동이 아니다. 공부는 누군가의 지원이나 도움이 있어야 가능한 활동이라고 볼 수 있다.

결국, 공부는 홀로 수행하는 활동

그러나 공부는 홀로 수행하는 과정이며 활동이다. 예를 들어, 앞에서도 간단히 언급하였듯이, 공부는 자신의 인지구조를 변화시켜가는 혼자만의 외로운 과정이다. 피아제(Piaget)는 이를 동화와 조절의 과정이라고 하였다. 물론 비고츠키(Vygotsky)의 주장처럼, 학습은 주변의 교사나 뛰어난 동료의 도움을 발판으로 자신의 역량을 한 단계 신장시키는 활동이라고 볼 수 있으며 이는 결국 혼자서 하는 것이 아니라 주변의 도움을 기반을 수행하는 협력적 활동이라고 볼 수 있다. 그러나

17 아쉽게도 2017년 12월 31일자로 서비스를 종료하였다.

최후의, 자신만의 것으로 만드는 과정은 학습자 홀로 수행해야 하는 외로운 과정이라고 볼 수 있다. 학습목표에 도달하기까지 주변에서 지원하고 도와줄 수는 있지만, 학습목표에 도달하는 최종 단계는 오직 학습자가 홀로 감내해야할 과정이다. 이처럼 공부는 혼자서 할 수는 없어도 결국은 홀로 수행해야 하는 활동이다. 바로 우리 아이들이 공부를 힘들어하고 그 과정을 달갑게 받아들이지 않는 이유는 여기에 있는 것이다.

2014년 겨울, 케냐의 한 초등학교에서의 ICT 수업 모습[18]

다음은 연합뉴스(2017. 11. 13.) 기사[19] 중 일부이다.

미네르바스쿨 설립학장 "대학, 가르치는 게 아니라 배우는 곳"

[연합뉴스 한혜란 기자]

"강의(lecture)는 가르치기(teaching)에는 훌륭한 방법이지만,
배우기(learning)에는 최악의 방법이죠."

온라인으로 모든 수업을 진행하는 미국 미네르바스쿨 설립 학장인 스티브 코

18 모니터 주위에 둘러 앉아있는 아이들의 표정이 인상적이었다. 실제 수업이 이루어지는 확인하지 못하고 모여 있는 모습만 참관하였다.

19 http://www.yonhapnews.co.kr/bulletin/2017/11/13/0200000000AKR20171113141000004.HTML?input=1179m

슬린 박사는 13일 서울 성동구 한양대에서 열린 강연에서 이같이 말했다.

미네르바스쿨 최고연구관리자(Chief Academic Officer)인 코슬린 박사는 이날 '고등교육의 미래'를 주제로 한 강연에서 미네르바의 독특한 커리큘럼을 소개했다. 강의실도, 연구실도, 캠퍼스도 없는 미네르바스쿨의 수업은 교수와 학생들 간의 화상채팅으로 진행된다.

수업을 듣는 장소는 커피숍, 기숙사, 거실, 식당 등 각양각색이다. 인터넷에 연결된 컴퓨터만 있으면 되기 때문이다. 대부분 수업은 토론으로 이뤄진다. 교수가 화두를 던지면 학생들은 단체 또는 조별로 토론을 하고, 피드백을 주고받는 식이다.

평균보다 말을 많이 하거나 적게 한 학생들의 화면은 각각 빨간색, 초록색으로 칠해진다. 평균적으로 토론에 참여한 학생의 화면은 노란색으로 표시된다. 말을 적게 한 학생이 있으면 토론에 참여하도록 지정해 모든 학생이 균등한 발언권을 갖도록 하는 게 교수의 역할이라고 코슬린 박사는 설명했다.

교수가 칠판 앞에서 강연하면 학생들은 받아적고, 중간·기말고사를 치르는 한국 대학에서는 찾아보기 힘든 풍경이다.

교수와 학생 간에, 학생들끼리 이뤄지는 토론은 모두 데이터베이스화돼 저장된다. 그 자체가 엄청난 지적재산이라고 코슬린 박사는 자평했다.

코슬린 박사는 1시간 넘게 이어진 강연에서 '능동학습(active learning)'의 중요성을 거듭 강조했다. 그는 '캠퍼스에 기반을 둔 일반 대학이 미네르바스쿨 방식을 따라 하진 못해도 독특한 커리큘럼은 차용할 수 있다'며 '한 공간에 모여 있으면 능동적 학습에 더 적합하지 않겠느냐'며 웃었다.

코슬린 박사는 이러한 방식의 교육으로 미네르바스쿨이 학생들에게 키워주려는 역량으로는 비판적이고 창의적인 사고, 효과적인 의사소통과 상호작용을 꼽았다.

[후략]

출처: http://www.yonhapnews.co.kr/bulletin/2017/11/13/0200000000AKR20171113141000004.HTML?input=1179m

미네르바대학은 온라인으로 이루어지지만 혼자 공부하는 것이 아니다. 또한 교수자의 동영상 강의를 일방적으로 수강하지도 않는다. 온라인상에 연결된 학생들과의 토론, 토의를 중심으로 이루어진다. 그러나 학습자가 사전에 예습을 하지 못하면 수업에 참여할 수 없다. 여기서는 수동적인 공부가 아니라 능동적인 공부를 강조한다. 이처럼 공부는 혼자서 할 수는 없지만 결국 혼자 해야 하는 활동이라고 볼 수 있다. 이를 위해 우리는 다음과 같은 점을 고민해볼 필요가 있다.

우리 아이들의 공부를 효과적으로 도와주거나 지원할 수 있는 협력 방안에는 무엇이 있을까?

홀로 지식의 구조를 형성하는 데 어려움을 느끼는 아이들을 도와줄 수 있는 효과적인 방안에는 무엇이 있을까?

4-3

한강의 기적보다는 교육의 변화

한강의 기적

한강의 야경(출처: 롯데월드타워 홈페이지)

2014년 가을, 두바이 공항 근처의 쇼핑센터 야경[20]

'한강의 기적'은 대한민국의 발전을 나타내는 대표적인 문구 중의 하나라고 볼 수 있다. 우리나라는 지난 반세기 동안 경제 분야에서 전 세계가 놀랄만한 눈부신 성장을 이룩하였으며 이러한 성장의 저변에는 '교육의 힘'도 상당한 역할을 하였다는 데에 이의를 제기할 사람은 거의 없을 것이다. 물론 보는 시각에 따라, 대한민국의 교육에 대한 명암은 달라질 수 있으며 지금도 우리나라 교육의 문제점은 꾸준히 제기되고 있다. 물론 이를 해결하기 위한 노력들도 지속되고 있다. 어찌 보면 이 책도 우리나라 교육의 실태 및 문제점을 살펴보고 이를 해결하기 위한 노력 중의 하나라고 볼 수 있다. 그러나 한 가지 확실한 것은, 전쟁의 폐허 속에서 주요 자원도 없는 우리나라가 놀라운 성장을 이룩한 데에는 우수한 인재를 키워내는 대한민국의 교육 시스템이 큰 역할을 했다는 점이다. 특히 선진 국가의 기술을 재빨리 습득하여 이와 유

20 두바이에서는 오일머니를 앞세워 '한강의 기적'이 아닌 인공 섬을 기반으로한 '바다의 기적'을 실현하고 있다.

사한 제품이나 서비스를 저렴한 비용으로 생산해 내는 능력을 가진 인재를 양성한 것이 주효하였다. 이런 상황에서 우리의 교육 시스템은 국가적인 목표아래 모든 교육기관이 일사불란하게 움직이고 '한 눈 팔지 않고' 주어진 목표를 성실하게 추구하는 성향의 인재를 양성하도록 최적화되어 왔다.[21] 그와 동시에, 새롭고, 창의적이며 발상적인 사고를 하는 인재는 자연 도태될 수밖에 없는 우리나라만의 독특한 교육구조를 완성하게 되었다. 우리 아이들이 행복하지 않은 이유가 바로 이것이다. '대한민국의 독특한 교육구조'

'한강의 기적' 교육 시스템

이처럼 우리나라 공교육의 기본 목표 중의 하나는 국가사회발전에 기여하는 인재 양성이며 각 급 학교는 국가 발전을 위한 경제 활동 인구 양성 및 공급 기관의 역할을 충실히 수행하였다고 볼 수 있다.[22] 이 같은 관점에서 살펴보면, 우리가 언급하는 '한강의 기적'은 국가주도의 교육 시스템에 따른 대한민국식 교육수행의 결과라고 볼 수 있으며 개인적 희생의 산물이라고 볼 수 있다. 물론 이 같은 '대한민국식 교육문제'를 해결하기 위한 다양한 시도와 노력이 있었지만 아직도 우리의 교육시스템은 이전과 동일한 수준에 머물러 있는 실정이다.

변하지 않는 교육 패러다임

그러나 여기서 지금까지 우리나라의 성장과 발전의 주요한 견인차 역할을 해온 우리나라 교육시스템을 폄하하고자 하는 의도는 전혀 없다.

21 이건우(2017). 교육개혁만이 살길이다. 공학교육동향, 24(1), 2~5.

22 김정현(2017). 교육개혁의 방향 탐색: 교육지형의 변화와 공교육제도의 역할을 중심으로. 교육행정학연구, 35(1), 471~490.

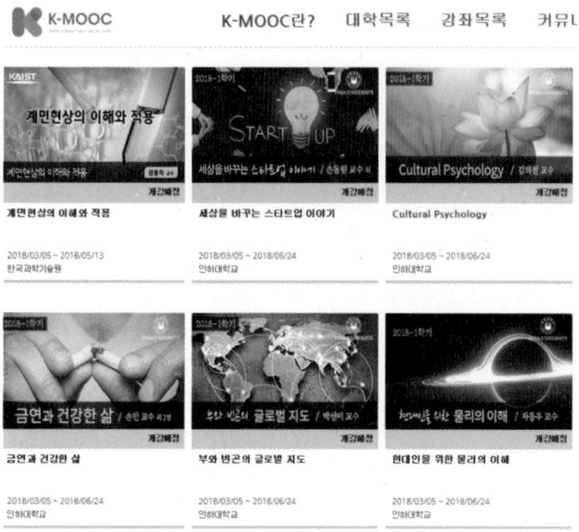

시공간의 제약없이 학습할 수 있는 사이버 공간
(출처: K-MOOC 홈페이지)

앞에서도 언급하였듯이 우리나라의 교육은 맡겨진 역할을 충실하게 수행하였으며 오늘날의 대한민국 모습은 교육의 최대 성과라고 볼 수 있다. 문제는 소위 '제4차 산업혁명시대'라고 지칭하는 현 시점[23]에서, 대한민국의 교육시스템은 1970년대의 교육 패러다임을 따르고 있다는 점이다. 4차 산업혁명시대의 도래에 따라, 대한민국의 교육시스템, 우리 아이들의 학습과, 교사의 교수활동에 변화에 필요하다고 주장하면서도, 정작 우리의 교육 패러다임은 지난 30~40년 전과 크게 달라진 바가 없다는 것이다. 플립드 러닝, MOOC, 스마트 러닝 등과 같은 혁신적인 테크놀로지의 교육적 활용과 문제해결학습, 창의성 교육 등 학생중심의 교육방법의 중요성을 외치면서도, 교육현장에서 이루어지는 수업의 모습, 경쟁, 평가의 모습은 근본적으로 이전과 다를 바가 없다.

새로운 시대에 따른 교육혁명의 필요?

23 보통 한 시대에 대한 평가는 해당 시기가 지난 후에 정의한다. 그런데 지금은 앞으로 다가올 것이라고 예상하는 4차 산업혁명시대에 대해 지나치게 열광하고 있다. 소위 4차 산업혁명의 본질이나 문제점에 대한 논의보다는 '장미빛 희망'이 가득한 현 시점이 다소 불편하기는 하지만, 여기서는 '미래사회'를 지칭하는 하나의 명칭으로서 '4차 산업혁명'이라는 용어를 사용하였음을 밝히는 바이다.

소위 4차 산업혁명시대에는 현재 개발 및 사용되고 있는 IoT(Internet of Things), AI(Artificial Intelligence), Big data, 3D printer, 자율주행차 등의 테크놀로지가 생명공학, 인지과학, 바이오기술, 정보기술, 나노기술 등과 융합하여 개발된 CPT(Cyber Physical System)이 생산을 주도하게 될 것이라고 한다.[24,25] 그러나 기존의 산업혁명과 달리, 제4차 산업혁명은 단순히 테크놀로지의 발전과 생산 수단의 변화가 아니라 인간의 삶 자체에 이전과 다른 커다란 변화를 가져올 것으로 예상되는 근본적인 변화이다. 물론 이 같은 새로운 유형의 혁명이 우리의 삶에 구체적으로 어떤 영향을 미칠 것인지에 대해서는 다소 논란이 많은 것도 사실이다. 다만 한 가지 확실한 것은 이 같은 변화의 시기에 우리의 교육도 기존과는 다른 모습으로 변화될 필요가 있다는 점이다. 교

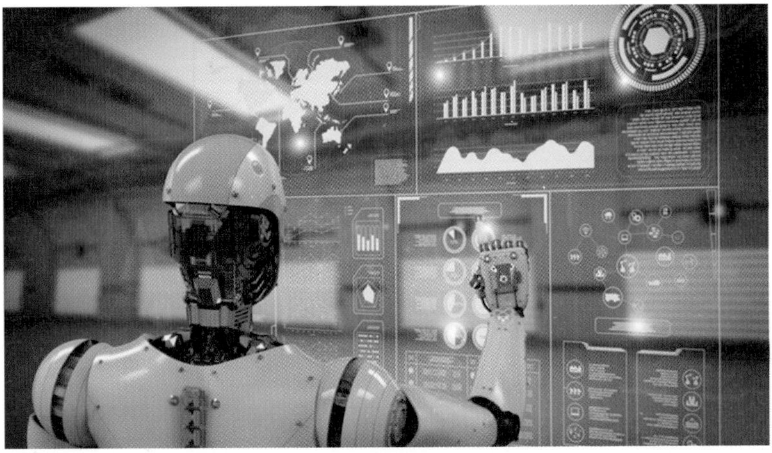

과연 앞으로의 교육은 어떤 모습일까?(출처: SAMSUNG NEWS ROOM)

24 김진숙(2016). 제4차 산업혁명과 교육의 역할. 월간교육, 5. 104~113.

25 이혜정(2016). 미래사회를 위한 교육제도 혁신. 경기도교육연구원, 4차 산업혁명 시대, 한국교육 쟁점과 해법(54~68). 경기도교육연구원 개원 3주년 기념 심포지엄 자료집.

육계에서는 제4차 산업혁명시대를 맞아 인공지능과 로봇, 생명과학 등의 급속한 발전이 가져올 사회경제구조의 변화에 학교교육이 어떻게 대처할 것인가라는 질문이 화두의 하나로 떠오르고 있다.[26] 이 같은 질문에 응답하기 위해서는 4차 산업혁명시대의 변화의 물결이 우리나라 교육시스템에 미칠 영향력이 어떠한지를 예상하고 대처하는 방안 탐색이 반드시 선행될 필요가 있다.

본질적인 교육의 변화

특히 아직도 70년대에 머물고 있는 우리나라 교육 패러다임을 어떤 방향으로 변화시켜야 할지에 대한 공감대 형성이 요구된다. 또한 앞으로 접하게 될 새로운 시대에, 우리 아이들이 제대로 적응하고 행복한 삶을 영위해 나가는 데 도움을 줄 수 있는 교육이 무엇인지 심각하게

설마, 인공지능이 대신 문제를 풀어주지는 않겠지! (출처: SAMSUNG NEWS ROOM)

26 박남기(2017). 제4차 산업혁명기의 교육개혁 새패러다임 탐색. 교육학 연구, 55(1), 211~240.

고민할 필요가 있다. 이를 위해서는 이전에 우리가 맛보았던 한강의 기적이 아니라 본질적인 교육의 변화가 필요하다고 볼 수 있다.

다음은 경기신문(2017. 11. 16.) 기사[27]이다. 우리의 공부는 언제 끝나는 것일까?

[미래인문학] 인공지능과 평생학습의 미래

[오피니언/ '인공지능과 미래인문학' 저자 고리들]

프랑스 교육자 폴 랑그랑(Paul Lengrand)은 수직적인 전(全)생애를 통한 교육과 수평적인 다양한 활동을 고려한 통합교육개념을 주장했다. 그로 인해 지난 1970년 국제연합(UN)은 '평생교육'이라는 용어를 쓰기 시작했다.
하지만 지금까지의 평생교육은 교육의 기초를 먼저 주입한 후 학습의 숙련도가 생긴다는 분리가 기본이었다. 즉, 페다고지(Pedagogy)라는 교사교과중심 미래 대비 주입식 교육 후에 앤드라고지(Andragogy)라는 학습자의 상황이나 지적인 수준을 고려한 자기주도학습으로 분리되었다. 그러나 주입식 교육은 항상 소수의 의견이 다수에게 퍼지면서 다양성과 상상력이 줄어드는 단점이 있다. 도달해야 할 미래에 대한 방향성을 위에서 정하면 그 방향에 적성이 약한 사람은 억압적 페다고지가 강요되어 두뇌와 몸의 가능성에 병이 든다. 직업의 효용성처럼 도달점이 없다면 모든 사람은 앤드라고지 평생학습이 가능하면서도 각자 익혀야 할 기초적 과정부터가 다양해지고 페다고지가 필요 없어진다. 지금까지는 늘 페다고지가 먼저였으나 그 결과 획일화의 부작용이 생기므로 4차 산업혁명기에는 페다고지와 앤드라고지의 순서가 바뀌

27 http://www.kgnews.co.kr/news/articleView.html?idxno=499496

거나 수시로 뒤섞이든지 아예 폐다고지 개념을 없앨 필요가 있다.

4차 산업혁명기의 평생학습은 개념 재설계와 방향성의 불꽃놀이가 필요하다. 불꽃이 모든 방향으로 퍼지듯 평생학습이 학생교육(교사 의존)과 직업교육(지도자 의존)중심에서 아동과 성인교육을 구분하지 않는 삶의 기쁨으로서의 '평생락(樂)습'으로 전환되어야 한다. 삶을 즐기는 습관이 부족한 한국에서는 '락습'의 개념이 절실히 필요하다. 줄서기 문화와 군대식 계급장 문화에서는 질문이 사라지고 즐거움 대신 경계심과 경쟁심이 주도권을 잡는다. 경계와 경쟁은 이제 사물지능이 만드는 빅데이터와 인공지능에게 넘어간다. 이제 인간에게는 다양한 즐거움에 대한 추구가 필요하며 국제적 플랫폼 기업이 없는 한국인에게 즐거움의 다양성은 생존의 유일한 수단이라고 봐도 된다. 평생직업이 점차 사라지는 요즘은 평생교육 또는 평생학습이 중요해졌다. 과로사를 부추기는 셀러던트가 유행하고 있지만 오래 버티기는 어렵다. 학생들에게도 교육보다는 적시학습과 자기주도학습이 강조되기 시작하지만 기술변화와 직업자동화의 변화가 빨라지면 적시학습은 이제 즉시학습이 되고 있다.

성인교육학의 거장 린드만(Lindeman)은 학습자 상황을 중심으로 평생학습이 구성되어야 한다고 했다. 그의 이론대로 현재 한국의 상황을 보자. 자동화 속도가 가장 빠른 한국은 점차 일자리나 일거리보다 놀자리나 놀거리를 R&D해야할 것이다. 기존의 1차·2차·3차 산업들은 연결이 화두인 4차 산업혁명에 의해 플랫폼기업 안으로 흡수+통합되고 있다. 소비AI플랫폼(아마존), 의료AI플랫폼(IBM), 이동AI플랫폼(테슬라), 콘텐츠AI플랫폼(구글) 4가지 미국의 플랫폼 기업은 이미 선점효과를 누리며 다른 기업의 추격을 따돌렸다. B2B인공지능플랫폼(알리바바)도 점차 강력해지고 있다. 마지막 남은 가상현실AI플랫폼은 게임산업과 깊은 관련이 있는데 한국의 기업들이 주도할 가능성이 조금은 남아있다. 한국인에게 가상현실+콘텐츠+게임+인터테인먼트 플랫폼 선점 기회가 있다는 점과 그 기회가 이미 없더라도 이미 잘 깔린 무대 같은 플랫폼 내에서의 활동(퍼포먼스)이 진정한 가치가 된다는 점이 이 시대의 평생학습 개념이 평생락습으로 전환할 필요성을 강력히 시사한다.

한국인들이 급속한 산업화 시대에 군대문화와 획일적 교육, 서열화 계급장

> 문화와 줄서기 문화가 있다는 한계를 평생학습이 치유해야 한다. 모난 돌이 성공하는 시대, 목숨을 걸고 나대다가 엄청난 창업을 하는 시대에는 모날 기회를 주고 나댈 기회와 시간을 줘야 한다. 'School'과 'Academy'의 어원이 각각 '여유', '나무그늘'이라는 본래의 원형을 되찾자. 그늘에서 여유롭게 즐기면서 자신의 개성과 스타일과 콘텐츠를 찾으면서 서로 소통하는 문화가 국가 전체로 확산되는 평생학습의 문화를 되찾자.
>
> 출처: http://www.kgnews.co.kr/news/articleView.html?idxno=499496

지금은 '한강의 기적'을 넘어 '알파고의 쇼크'를 고민하는 시기이다. 기존의 교수자 중심 학습방법에서 진정한 학습자 중심의 자기주도학습으로 넘어가야 할 시기이다. 중고등학교, 또는 대학에서 종료되는 학습이 아니라 직장생활, 아니 은퇴 이후에도 학습을 해야되는 평생공부의 시대가 도래하였다. 당신은 준비가 되어 있는가?

평생 공부만 하고 살 수 있기 위해… 공부, 학습의 패러다임이 변해야 한다. 반드시….

이를 위해 우리는 다음과 같은 점을 고민해볼 필요가 있다.

우리 아이들의 행복한 미래를 보장해 줄 수 있는 공부는
무엇이라고 생각하는가?

소위 4차 산업혁명시대에 대비한 효과적인 학습활동의 모습을
상상해 볼 수 있는가?

4-4

첫 문장이 쓰이지 않아서

맞추어 보시오!

첫 페이지부터 여기까지 (읽지 않고 그냥 넘기는 페이지 없이) 꼼꼼히 읽으신 분들을 위한 작은 선물을 하나 주도록 하겠다. 시간이 되면 지금 이 페이지를 찍어서 출판사에 보내주기 바란다.[28] 구체적으로 어떤 선물을 드릴지는 협의하지 않았지만 페이지 사진을 촬영하여 출판사로 전송한 분들에게 소정의 선물을 드리도록 하겠다. 그리고 여기서 여러 독자들을 위해 책 속의 작은 마음의 선물을 증정하도록 하겠다.

자! 아래의 소설 제목을 보고 작가가 누군지 맞춰보기 바란다.

'해는 또다시 떠오른다(1926)'

28 사진과 함께 이름, 이 책을 구입하게 된 동기 등을 간략히 적어서 보내주기 바란다.

'부인 없는 남자들(1927)'

'○○○ ○ ○○○(1929)'

'오후의 죽음(1932)'

'승자는 아무것도 얻지 못한다(1933)'

'아프리카의 푸른 산들(1935)'

'가진 자와 못 가진 자(1937)'

'제 5열(1938)'

'○○○ ○○○ ○○ ○○○(1940)'

'강 건너 숲속으로(1950)'

'○○○ ○○(1952)'

'해는 또다시 떠오른다(1926)'

'부인 없는 남자들(1927)'

'오후의 죽음(1932)'

'승자는 아무것도 얻지 못한다(1933)'

'아프리카의 푸른 산들(1935)'

'가진 자와 못 가진 자(1937)'

'제 5열(1938)'

'강 건너 숲속으로(1950)'

보기를 드리면

상기 제목을 보고 작가를 맞춘다면, 분명 그 분은 해당 작가의 매니아, 또는 다양한 유형의 글을 접한 경험이 많은 분일 수 있다고 생각된다. 그러면 아래와 같이 다시 보기를 드리면 어떨까?

'해는 또다시 떠오른다(1926)'

'부인 없는 남자들(1927)'

'무기여 잘 있거라(1929)'

'오후의 죽음(1932)'

'승자는 아무것도 얻지 못한다(1933)'

'아프리카의 푸른 산들(1935)'

'가진 자와 못 가진 자(1937)'

'제 5열(1938)'

'누구를 위하여 종은 울리나(1940)'

'강 건너 숲속으로(1950)'

'노인과 바다(1952)'

해당 작가의 대표작은?

자! 이 정도면 어렵지 않게, 작가의 이름이 떠오를 것이다. 그러면 문제를 하나 더 드리도록 하겠다. 해당 작가의 대표작인 ① '무기여 잘 있거라(1929)', ② '누구를 위하여 종은 울리나(1940)', ③ '노인과 바다(1952)' 중 익숙하다고 생각되는 소설은? 아마 독자의 개인차에 따라 다소 차이가 있을 수 있을 것이다. 먼저 ① '무기여 잘 있거라(1929)'는 작가의 이름을 대중적으로 널리 알리는 계기가 된 소설이고 ② '누구를 위하여 종은 울리나(1940)'는 대중적으로 가장 큰 인기를 끈 소설이다. 그리고 ③ '노인과 바다(1952)'는 바로 ○○○○의 대표작으로 1954년 노벨 문학상을 수상한 작품이다. 또한 '노인과 바다(1952)'는 삶에 대한 불요

헤밍웨이 (출처: https://pixaboay.com)

불굴의 의지를 간결한 문체로 묘사한 작품으로 유명하다.

정답은 헤밍웨이!

그런데 알고 있었나?

소설노인과 바다 표지
(출처: 한국일보 2017. 9. 1.일자 기사 중)

헤밍웨이는 '노인과 바다'의 첫 문장을 쓰기까지 10년이라는 세월이 걸렸다고 한다. 특히 직전에 발표한 '강 건너 숲 속으로(1950)'은 문단으로부터 가장 극심한 혹평을 받은 반면, 바로 2년 후에 발표한 소설을 가장 열광적인 찬사를 받았다고 한다. 상상할 수 있는가? 작품의 플롯은 어느 정도 짜여있음에도 불구하고, 첫 문장을 완성하는 데 걸린 10년이라는 시간동안 헤밍웨이가 받았을 심적 고통과 괴로움을. 그리고 바로 직전에 발표한 소설에 대한 문단의 혹평, 그리고 이 두 가지의 시련을 딛고 '노인과 바다'를 탈고했을 때의 작가 심정을.

우리도 기다리자!

우리나라 속담에 '천 리 길도 한 걸음부터', '시작이 반이다'라는 속담이 있다. 이 두 가지 속담의 뜻을 간단히 살펴보면, 각각 '아무리 힘들고 어려운 일, 또는 거창한 일도 작은 것에서부터 시작된다', '시작하면 절반은 끝낸 것과 마찬가지다'라고 제시할 수 있을 것이다. 이 둘을 하나로 만들면, '천리 길도 한 걸음 걷기 시작하면 절반을 간 것이다'와 같이 나타낼 수도 있을 것이다. 우리의 아이들을 생각해보자. 학교생활이 어렵고 힘들고, 뜻하는 대로 이루어지지도 않고 남들과 비교 당하면서 좌절감을 경험하는 우리의 아이들을 생각해보자. 이들의 앞 길은 천 리, 아니 만 리 이상일 것이다. 그러나 학교, 가정, 사회생활을 통해, 그들이 겪은 좌절감, 어려움, 혼란, 배신감 등으로 인해, 첫 발을 내딛지 못하는 우리 아이들의 마음을…. 그들도 첫 발을 내딛기까지 1년, 3년, 5년, 10년 또는 그 이상의 시간이 걸릴 지도 모른다. 우리는 이러한 아이들을 어떻게 품어주고 안아주어야 할까? 아이들이 쉽게 첫 발을 내딛고 걷다가 아니면 다른 길로 가서 다시 첫 발을 내딛을 수 있는 환경을 만들어 줄 필요가 있다.

다음은 정신의학신문(2017. 12. 7.) 기사[29] 중 일부다.

우리 아이 학습 능력: 건강한 시냅스 연결을 위한 기다림의 미학

[김양식 정신건강의학과 전문의]

"아빠, 내가 해볼래."

새로 산 우유팩을 뜯으려는데 아이가 자신이 해보겠다고 말을 합니다. 스스로 하려고 한다는 기특한 생각이 들기도 하지만, 한편으로는 제대로 할 수 있을까 우유를 흘리지는 않을까하고 걱정이 됩니다.

"그래 네가 한번 해봐."

아이가 원하는데로 맡겨봅니다. 아이는 우유팩 입구를 완전히 펴지도 않고 손톱으로 입구를 뜯어내려 합니다. 저러다가는 우유를 따를 때마다 옆으로 줄줄 샐 것만 같다는 생각이 듭니다. 안 되겠다 싶어 1분도 안 되어서,

"안 되겠다. 아빠가 해줄게."

하지만 아이는 고집을 부리며 자기가 하겠다고 합니다. 아이도 많이 해봐야

29 http://www.psychiatricnews.net/news/articleView.html?idxno=6802

우유팩도 잘 열고 할텐데, 당장 앞에서 바라보는 부모 마음은 아이가 사고를 치지는 않을까 조마조마하기만 합니다.

기억과 신경연결의 기본 단위: 시냅스(synapse)
20세기 초, 신경과학이 태동할 당시에 과학자들은 기억이 어디에서 오는지에 대해 연구하였습니다. 뇌라는 신체기관은 알았지만 신경세포가 어떻게 생겼는지 어떻게 기능하는지를 몰랐기 때문입니다. 신경세포의 모양과 형태를 밝혀, 신경세포간 연결의 실마리를 제공한 위대한 과학자가 Santiago Raymon y Cajal (1852-1934) 입니다. 이후 여러 연구와 논의를 거쳐 신경세포는 시냅스를 통하여 소통하고 이 시냅스의 형성-유지-소멸이 곧 기억이라는 과학적 토대를 이루었습니다.

[중략]

건강한 시냅스 연결을 위해서는 기다림이 필요합니다.
위에서 말씀 드린 것처럼, 절차 기억 – 우유팩을 열기, 숟가락을 사용하기, 양치질 하기, 걷기, 뛰기, 블럭놀이, 자전거 타기를 위해서는 책도 유튜브도 아닌, 반복적인 운동과 시행을 통해서 배워야 합니다. 언어적인 지식이 아니기 때문에 자세히 설명해주고 알려준다고 알 수 있는 기억이 아닙니다. 무조건 여러번 반복적으로 해봐야 익히게 되고 능숙하게 할 수 있게 되는 것이 바로 몸으로 익히는 기억입니다.
이처럼 반복적으로 해야만 하는 여러 행동들을 우리 아이가 더 잘 익히고 자기 것으로 만들 수 있으려면,
첫 번째, 당연히 아이에게 시도하고 실패할 수 있는 기회를 충분히 주어야 합니다. 아이가 실수할까봐 마음 졸이고 걱정이 되더라도, 넘어져서 다칠 것이 염려되어도 큰 위험이 예측되는 상황이 아니라면 아이가 할 수 있도록 지켜보고 기회를 주어야 합니다. 이런 상황에서, 어른의 성숙한 뇌로 위험과 실패가 예측이 되어서, 아이를 막고 싶고 대신해주고 싶은 것이 당연하고 정확한 계산일 수 있습니다. 하지만 아이들의 성장과 계발을 위해서는 한 번

더 생각하고 참고 기다려주는 것은 또한 쉽지 않은 일이기도 합니다. 이를 위해서는, 부모들은 위험한 상황을 피하면서도 아이에게 기회를 줄 수 있는 한 발 더 앞서 나아가는 더욱 성숙한 판단이 필요합니다.

두 번째, 아이가 행동이 실패할 때든 성공할 때든 일관된 관심과 지지가 필요합니다. 아이는 어떤 행동을 하고 나서 부모의 반응을 살핍니다. 성공을 했을 때는 물개 박수와 칭찬으로 아이가 성공한 행동을 유지하고 성취감을 느낄 수 있도록 충분히 보상을 하여 성공한 행동을 유지하도록 하고, 실패를 했을 때는 아이 옆에서 묵묵히 지켜보면서 아이가 크게 좌절하지 않고 다시 시도할 수 있도록 격려해주는 부모의 반응이 필요합니다. 실패했을 때 무관심이나 잔소리 등 처벌이 있게 된다면, 아이는 그 행동을 다시 하고 싶어하지 않고 시도가 어려워지게 됩니다. 성공을 했을 때에도 칭찬 등의 보상이 충분하지 않을 경우에는 아이가 그 행동을 더 발전하려는 노력이 줄어들게 됩니다.

[중략]

우리는 태어나서부터 여러가지 행동을 시도해보고 익히면서 절차기억을 충분히 만들었기 때문에, 걷고, 컵으로 물을 마시고, 수저로 밥을 먹고, 컴퓨터 자판을 편리하게 사용할 수 있게 되었고, 그 뒤에는 우리 부모들의 기다림과 따뜻한 격려가 있었습니다. 세상이 너무 빠르게 돌아가고 4차 산업혁명이 휘몰아쳐서 아이들이 뭔가 빨리 배우고 익혀야 할 것 같지만, 살아가기 위해 꼭 필요하고 중요한 기본 – 아이들의 건강한 시냅스 연결과 뇌 성장을 위해서는 부모들의 기다림과 따뜻함이 필요합니다.

출처: http://www.psychiatricnews.net/news/articleView.html? idxno=6802

우리의 아이들도 첫 문장이 쓰이지 않아서 고민하고 있을지 모른다. 그러나 우리는 이러한 행위를 '시간 낭비', '공상 시간', '멍한 상태'로 오해하고 공부하라고 다그칠 때가 많다. 단지 첫 문장이 쓰이지 않을 뿐이고 내적으로 학습하는 과정일 수 있다. 우리는 기다릴 필요가 있다. 헤밍웨이처럼 멋진 소설을 쓸 수 있도록…. 이를 위해 우리는 다음과 같은 점을 고민해볼 필요가 있다.

우리 아이들이 좌절과 실패를 두려워하기보다는
성공을 위한 발판으로 만들 수 있도록
도와주는 방법에는 무엇이 있을까?

당신은 성공보다는 실패를 하지 않으려는 아이들의 마음을
이해할 수 있을까?

Module 3

부모와 공부

CHAPTER

5

부모가 공부를 시키는 이유

1955년 고등고시 시험장 모습*
(출처: 국가기록원)

*고시합격 자체가 '가문의 영광'이었던 시절이 있었다. 내가 대학을 다니던 80년대 후반에서 90년대 초반, 당시 고시생들에게 인기가 있었던 책 제목이 기억난다. '어머님 아직 촛불을 끌 때가 아닙니다', '다시 태어난다 해도 이 길을' 아마 이 글을 읽고 있는 40대 후반에서 50대 초반의 독자들은 여기서 지칭하는 '어머님'이 무엇을 의미하는지 알 것이다. 그 당시 우리가 누구를 위해 공부하고 성공하고 싶었는지….

만약 학교에 다니는 자녀를 둔 부모의 모습을 구분한다면, 크게 두 가지, '공부를 열심히 하는 자녀를 둔 부모'[1], '공부를 하지 않는 자녀를 둔 부모'로 구분할 수 있을 것이다. 물론 보는 관점에 따라서는 '학업에 관심 있는 자녀를 둔 학부모'와 '학업자체에 관심이 없는 자녀를 둔 학부모'로 구분할 수 있을 것이다. 이 같은 현상은 왜 나타나는 것일까? 부모라면 누구나 공부에 집중하지 않고 다른 행동을 하는 자녀들을 보면, 이들을 공부시키고자 노력할 것이다. 예를 들어 학원 보내기, 자녀의 공부를 위한 가정 환경 조성 등과 같은 설계적인 측면이나 엄마 친구 아들(엄친아) 사례, 엄마 아빠의 학창시절 이야기, 잔소리 등과 같은 인간적인 측면을 적용하여, 자녀들의 공부를 하지 않는 모습을 수정하려고 시도한다. 물론 이전에는 가정에서도 체벌 등과 같은 불쾌 자극을 제공하기도 하였다. 물론 정적 처벌의 비교육적인 측면이 알려지면서, 가정교육현장에서 체벌은 사라지고 있다.[2] 이에 부모들은 자녀들이 좋아하는 자극을 제거하거나 일시 멈추는 것과 같은 활동을 통해 자녀들의 행동을 통제하려는 경향을 나타나고 있다. 그러나 부모가 제공하는 자극 중 공부와 관련하여 자녀들에게 호감을 주거나 동기를 유발시키는 효과적인 방법이 거의 없는 현실에서, 학업에 관심이 없는 자녀를, 부모가 원하는 방식으로 지도하는 획기적인 방법은 없다고 볼 수 있다.

부모들은 보통 다음과 같은 생각을 한다. 동일한 교실에서, 동일한 교재로, 동일한 교사에게 지도를 받는데, 우리 아이들의 성적이 저조한 이유는 무엇일까? 다른 집 자녀들은 공부를 열심히 한다고 하는데, 왜

1 '공부하는 척하는 자녀를 둔 부모'도 포함될 수 있다.

2 그러나 아직까지도 가정에서의 폭력이나 체벌이 암암리에 발생하고 있다. 다만, 가정에서의 체벌과 같은 폭력에 대한 사회적 비판 여론과 법적 제재가 가해지면서 점차 줄어드는 추세라고 볼 수 있다.

우리 아이들은 그렇지 않을까? 우리 부모들은 공부를 무척 중요시한다. 부모들에게 공부를 중요하게 생각하는 이유를 물어보면, '한국사회에서는 공부가 중요하니까', '좋은 대학을 가야 좋은 직장에 취업을 할 수 있으니까', '학생의 직업은 공부이니까', '지금 공부를 하지 않으면 나중에 후회를 하니까', '…….' 등 다양한 응답이 나온다. 그런데, 이 같은 응답은, 부모들이 공부를 중요하게 생각하는 근본적인 이유라기보다는, 본질에서 파생된 2차적인 이유라고 볼 수 있다. 여기서는 공부를 중요하게 생각하는 '부모의 생각'을 보다 본질적인 측면에서 살펴보겠다. 물론 이 책을 읽는 학부모의 입장에서 보면, '말도 안 되는 소리'라고 치부해 버릴 수도 있지만…. 그러면 이렇게 하면 어떨까? 서울의 한 대학에서 학생들을 가르치고 있는 선생의 시각에서 바라본 부모들이 공부를 중요하게 생각하는 진짜 이유 4가지.

5-1

공부에 대한 실재감 충만

부모의 공부 실재감

앞에서도 간단히 언급하였지만, 실재감은 본래 '그림이나 조각 따위의 작품에 표현된 대상이나 글 또는 영상물 따위에 표현된 대상이 마치 실제의 물체나 인물인 듯한 느낌'을 의미하거나 '실제의 사물이 보다 생생하고 구체적으로 인식되는 느낌'[3]을 의미한다. 이 같은 의미를 지닌 실재감을 '공부'와 관련하여 제시하면, '공부를 통해 습득하는 지식이나 이론, 활동과정 및 그 결과가 현재의 삶과 미래의 생활에 실제적인 영향을 주고 있다는 느낌'으로 나타낼 수 있다. 이 같은 공부에 대한 실재감을 부모의 시각에서 재해석 하면, '공부는 우리 아이들의 미래의 삶에 절대적인 영향을 미치는 가장 현실적인 행위'라고 표현할 수 있다.

3 다음사전 참조.

자녀를 둔 학부모에게 '공부가 중요한 이유가 무엇인가?'라고 질문하면, '자녀의 미래를 위한 가장 확실한 투자'라고 응답할지도 모른다. 비록 자신은 못 먹고, 못 입을 지라도 자녀의 학업을 위한 모든 것을 헌신하는 우리 부모들의 모습을 통해, 공부에 대한 학부모의 실재감이 어느 정도인지를 추측해 볼 수 있다.

부모가 모르는 아이의 공부 실재감

그러나 자녀들에게 단지 '미래를 위한 투자'나 '좋은 대학에 진학하기 위한 수단'으로, 공부하라고 '강요'하는 것은 한계가 있다. 앞에서도 언급하였지만, '마시멜로 실험'[4]과 같이, 자녀들은 억지로 오래 참아야지 얻을 수 있는 보상보다 바로 얻을 수 있는 '즐거움'에 행복감을 느낄지 모른다. 그런데 우리 부모들이 언급하는 '공부에 대한 보상'은 짧게는 중간고사나 기말고사 성적을 통해 확인될 수 있다. 그러나 상대평가로 인해, 1등을 제외한 나머지 학생들은 '행복감'이나 '성취감'보다는 좌절감을 느낄 수밖에 없는 현실을 감안할 때, 공부에 대한 보상은 우리 자녀들이 성인이 된 이후에 얻을 수도 있고, 경우에 따라 영원히 얻지 못할 수도 있다. 이 같은 현실에서, 우리 아이들에게 공부에 대한 실재감을 강조하고 느끼게 하는 것은 쉽지 않다.

부모의 이해력?

그런데 부모들은 '자녀들이 공부를 하지 않는 이유'를 이해하지 못

4 1960년대 미국 스탠퍼드대에서 실시한 실험. 아동 앞에 마시멜로를 놓고 정해진 시간(15분)동안 먹지 않고 참으면 하나를 더 준다는 조건에서 나타나는 아동의 반응과 12년 후에 치러진 SAT(미국대학진학시험)결과 분석. 25%만 참고 견딘 것으로 나타났으며 해당 학생의 SAT 점수는 평균 210점 정도 높았다고 전해진다.

하며 '공부가 앞으로의 인생에 커다란 영향을 미치는 실제적인 활동'임을 느끼지 못하는 아이들의 모습을 이해하지 못한다. 이에 따라 부모는 학업에 대한 실재감 없이 가방만 들고 학교나 학원에 왔다 갔다 하는 자녀의 모습에 불만을 갖게 되며 이를 해소하고자 잔소리를 하게 된다. 또한 부모는 자신이 지금까지 살아온 인생을 되짚어보면서, 공부가 얼마나 중요하고, 소위 명문이라고 지칭하는 대학에 입학하는 것이 얼마나 중요한지를, 아니 한국에서 얼마나 중요한지를 몸소 체험하였다고 생각하고 있기 때문에, 이에 대해 자녀들이 인식하지 못하는 것 자체를 이해할 수 없게 된다.

부모와 자식 간의 시각 차

그러나 자녀들도 공부에 대한 부모의 편향된 시각과 잔소리에 불만을 갖게 되고 공부에 대한 자신만의 반항심을 키워나가게 된다. 특히 공부에 대한 부모와 자녀 간의 시각 차이가 크거나 자녀가 학업보다는 다른 길로 가고자 할 때, 부모와 자식 간에 깊은 갈등의 골이 생기게 된다. 물론 최근에는 자녀와의 대화를 통해, 자녀의 현 상태를 이해하고 그들을 진심으로 도와주려는 부모들이 늘어나고 있다. 그럼에도 부모는 공부를 하지 않는 자녀들을 바라볼 때, 가슴이 답답함을 느끼고, '저 아이가 지금은 잘 몰라서 저러는데… 나중에 철들면 후회하게 될 것 같다'고 생각하면서 더욱 공부하라고 강요하게 된다. 이 같은 부모와 자녀 간의 공부에 대한 시각 차이는 본질적으로 공부에 대한 실재감의 차이에 기인한다고 볼 수 있다.

공부는 아이들만의 몫?

그런데 여기서 우리가 한 가지 간과한 것이 있다. 공부는 부모가 아니라 자녀가 한다는 점이다. 공부에 대한 부모의 강요나 잔소리는 공부에 대한 자녀의 실재감을 높이는 데 아무런 도움이 되지 않는다. 또한 부모 역시, 자녀가 유치원, 초등학교, 중학교로 진학하면서, 자녀의 공부에 대한 기대치는 점차 감소하게 된다. 또한 자녀가 고등학교 정도에 진학하게 되면, 소위 공부를 잘하는 자녀를 둔 부모를 제외하고, 거의 대부분의 부모들은 공부를 통한 성공의 기대보다는 조금이라도 성적을 올려 보다 상위권에 속하는 대학에 진학하기를 바라게 된다. 이로 인해, 공부에 대한 실재감이 부모와 학생이 동일하게 되는 경우도 발생하게 되며 자녀보다 부모의 실재감이 더 낮게 나타날 수도 있다. 그런데 여기서 부모들이 주의해야 할 점은, 공부 자체를 가지고 자녀를 평가하거나 '자포자기의 심정'으로 자녀들을 대해서는 안 된다는 점이다. 도리어 초등학교 시기보다 자녀를 더욱 격려하고 공부에 대한 긍정적인 실재감을 지닐 필요가 있다.

다음은 에듀동아(2017. 11. 27.) 기사[5] 중 일부이다.

자녀의 행복한 공부, 부모의 역할이 중요하다!

[에듀동아 김효정 기자]

이현우 에듀후 대표가 전하는 행복한 공부와 학습 방법

[전략]

"당신이 삶에서 궁극적으로 추구하는 것은 무엇입니까?"

"당신이 바라는 것들이 이뤄진다면 어떨 것 같습니까?"

5 http://edu.donga.com/?p=article&ps=view&at_no=20171127110509630261

누군가에게 이런 질문을 건네면 대부분 그 대답의 내용은 '행복'으로 귀결될 것이다. 그렇다면 행복이란 과연 무엇일까? 필자는 그 답으로 하버드대의 탈 벤-샤하르 교수의 저서 '해피어(Happier)'의 문구 중 '행복이란 현재에도 좋고 미래에도 좋은 것이다'를 들고 싶다. 그렇다. 희망적인 미래를 꿈꾸며 공부할 수만 있다면, 현재하고 있는 공부는 어렵고 힘든 일이 아니라 즐거운 일이 될 것이다. 이처럼 즐거운 공부는 성취동기를 높여주고, 높아진 성취동기는 자신감을 불러일으켜 성적향상으로 이어진다. 이른바 공부에 대한 선순환이 이루어지는 것이다. 따라서 부모가 가장 우선적으로 해야 할 일은 자녀에게 공부로 이룰 수 있는 행복한 '미래의 창'을 보여주는 것이다. 그리고 자녀가 그 창을 열 수 있도록 힘이 돼줘야 한다. 이것이 바로 '공부=행복'이라는 등식을 통해 자녀를 우등생으로 만들어 주는 간단한 비결인 것이다.

○ 공부… 그 이유와 목표가 중요

공부를 간절하게 하려면 공부하는 이유와 목표가 분명해야 한다는 것이다. 또한 공부할 때는 생각이 딴 곳으로 새지 않도록 집중할 수 있는 환경과 분위기가 조성되어야 하며, 공부에 집중하기 위해선 궁금한 내용을 찾아내고 그것을 해결해 나아갈 수 있는 사고와 추진력도 갖춰야 한다는 의미다.

○ 배우고 익히는 학습… 부모가 자녀의 자발성 길러줘야

배우고 익힌다는 뜻을 가진 학습(學習)은 순서와 자발성이 중요하다. 여기서 말하는 순서란 배우고 익히는 것이지, 익히고 배우는 것이 아니다. 즉, 가르침을 받지 않은 상태에선 아무 것도 익힐 수 없다는 것을 의미한다. 따라서 부모들은 교육이 없는 상태에 자녀들을 방치해 두어선 안 된다. 가르침과 배움에 있어 간과하지 말아야 할 점은 자녀들이 익혔을 때 해가 될 수 있는 것들은 조기에 선별하여 차단하여야 한다는 사실이다. 한순간에 빠져든 나쁜 행동은 쉽게 습관이 되어 인생의 행로에 걸림돌이 되고 만다. 참다운 習(습, 배움)이란 선별적으로 제공된 學(학, 가르침)을 통해서 이루어지는 것이다.
학습과정 중에 자발성(自發性)은 학습의 과정과 결과를 행복으로 이어주는

가장 중요한 도구라 해도 과언은 아니다. 혹자는 지식을 일방적으로 주입하는 것을 가르침이라 맹신하고 있다. 자녀가 많은 수업에 참여해 학습량을 크게 늘린다면 이에 비례하는 많은 배움을 얻었다고 생각한다. 과연 그럴까? 효율적인 학습이란 자발적인 경험과 배움을 통해 이해와 깨달음을 습득해 나아갈 때 이루어질 수 있는 것이다. 자녀의 자발성을 기르기 위해선 자녀에게 미래를 향한 꿈을 만들어 주고, 학습의 필요성을 일깨워주어야 한다.
'학이시습지 불역열호(學而時習之不亦說乎, 배우고 그것을 때때로 익히면 즐겁지 아니한가)'라 했다. 미래에 대한 기대와 현재의 즐거움이 없는 학(學)과 습(習)은 과정뿐만 아니라 그 결과에서도 즐거울 수 없다. 자녀들이 학년이 올라감에 따라 공부하는 것을 힘들어하고 심지어 포기까지 하는 이유, 우리 교육의 주된 문제점이 즐거움이 없는 학습에 있음을 상기하라.
자녀에게 미래를 꿈꾸게 하고, 배우는 것을 이해할 수 있는 능력을 키워주는 것이 부모의 역할이다. 또한 자녀가 배운 것을 익힐 수 있는 충분한 시간을 주는 것도 중요하다. 그래야만 자녀들은 공부를 하며 행복함을 느낄 수 있다.

출처: http://edu.donga.com/?p=article&ps=view&at_no=20171127110509630261

이 같은 상황을 종합적으로 고려해 볼 때, 우리는 다음과 같은 점을 고민해볼 필요가 있다.

우리 아이는 부모의 공부 강요를 어떻게 생각하고 있을까?

우리 부모들 중 학창 시절에 공부에 대한 실재감을 느끼면서 학업을 수행한 비율은 얼마나 될까?

5-2

공부 도식의 재구조화

성적중심학습 1

"오늘도 공부 열심히 했어?", "학원 숙제는 다했니?", "수행과제는 제출했어?", "엄마가 학원 바꿔줄까?", "너희반 아이들은, 아니 1등하는 ○○○은 무슨 학원 다니는지 알아?", "2년만 참고 공부하자, 엄마 아빠도 열심히 돈 벌 테니… 돈 걱정은 하지 말고 공부 열심히 해."

상기와 같은 다양한 문장들을 하나의 문장으로 제시하면

.

.

.

"이번 시험에서는 반드시 성적, 또는 등수를 올려야 한다."

부모가 생각하는 공부

공부, 그것이 무엇이기에, 우리 부모들은 자녀를 보면, 가장 많이 사용하는 단어 중에 하나가 되었을까? 도대체 공부는 무엇일까? 앞에서도 살펴보았지만, 공부는 학습자의 지적 도식을 체계적으로 구조화하는 것을 의미한다. 여기서 도식이란 '사물의 구조, 관계, 변화 상태 따위를 일정한 양식으로 나타낸 그림, 또는 그 양식'을 의미하는 용어로 '외부의 환경에 적응하도록 환경을 조작하는 감각적·행동적·인지적 지식과 기술을 통틀어 이르는 용어'[6]를 의미한다. 따라서 학생들은 자신만의 지적도식을 지니고 있으며 학습을 통해 이를 수정, 발전 시켜 나간다. 그런데 학생에게 지적 도식이 있다면, 학생을 자녀로 둔 부모에게는 공부 도식이 있다. 이 같은 공부 도식의 의미를 '부모의 입장에서 바라본 자녀의 공부'와 관련해서 제시하면, '자녀가 공부를 통해 새로 알게 되거나 획득하게 된 내용으로 구성된 도식, 특히 시험에 나올 수 있는 내용들로 구성된 틀'이라고 표현할 수 있다.

성적중심학습 2

앞 장에서도 기술하였지만, 피아제는 지적 도식을 '학생이 자신의 눈에 보이는 세계를 이해하고 반응하고 여기에 응답하기 위해 사용하는 학생 자신만의 지식이나 절차, 관계의 총체'라고 표현하였다(강인애, 1995). 그러나 부모의 입장에서는 지적 도식보다는 공부 도식이 보다 강조된다고 볼 수 있다. 부모들이 자녀들에게 공부 도식을 강조하는 이유는 간단하다. 자신의 자녀가 공부를 통해 각 과목에서 중요하다[7]고

---

6 네이버 사전 참조.

7 여기서 지칭하는 '중요하다'는 의미는 '시험에 나오기 때문에 중요하다'라고 해석할 수 있다.

생각되는 핵심적인 내용을 올바로 이해하고 이를 통해 시험에서 좋은 성적, 좋은 등급을 얻기를 바라기 때문이다. 즉, 부모입장에서는 시험과 관련 없는 공부 도식의 형성은 크게 중요하지 않다. 또한 자녀의 흥미나 적성보다는 부모가 생각하고 있는 공부 도식에 따라 자녀들은 공부를 해야 한다. 물론 부모도 자녀의 흥미나 적성을 어느 정도는 파악하고 있다. 다만, 그 적성과 흥미가 공부 도식과 관련이 있을 때에만 관심을 가지고 중요하게 인식하게 된다.

공부에 대한 부모의 의지 및 지원

그런데 이 같은 공부 도식은 철저히 계획되고 만들어지며 자녀의 자발적인 의사나 의지보다는 부모의 의지가 더욱 강하게 작용한다. 따라서 공부 도식은 시험에서 높은 성적을 얻기 위해 요구되는 내용을 기반으로 구성된 지식의 총체로, 대부분의 부모들은 자신만의 독특한 공부 도식을 지니고 있다. 물론 소위 이 같은 공부 도식은 자녀의 노력인 학습량과 부모의 지원에 의해서 비로소 이루어진다고 볼 수도 있다. 그런데 자녀의 공부에는 부모의 지원이 중요하게 작용하지만 자녀의 노력이 수반되지 않는 지원은 '밑 빠진 독에 물 붓기'[8]와 같이 아무런 소용이 없다고 볼 수 있다. 이 같은 의미를 지닌 공부 도식을 부모의 측면에서 살펴보면, 부모는 자신이 지금까지 경험한 자신만의 공부 도식을 바탕으로 자녀의 공부 상황을 이해하고 해석하고 이를 동질하게 만드려는 본능이라고 할 수 있다. 따라서 부모들은 자신의 공부 도식에 비추어 모순이 없는 상황이나 공부 방식을 자녀에게 강요하는 경향을 지니고 있다. 만약 부모가 자녀의 공부 도식에 불만이 있거나 기존의 공부

8 밑 빠진 독에 물을 채우기 위해서는 물을 붓기보다는 구멍난 부분을 보수하는 것이 중요하다.

도식으로 시험 성적이 하락하거나 기대했던 결과가 도출되지 않으면, '모순적인 상황'이 유발되어 자녀의 공부 도식에 대한 부모의 신뢰성에 혼란이 나타나게 된다. 이때, 부모는 기존의 공부 도식을 통해 자녀가 더 이상 시험에서 좋은 성적을 얻거나 등급이 높게 나올 것이라는 확신을 하지 못하게 된다. 그러면, 부모는 '학원 추가'나 '학원 변경'이라는 사교육 처방을 통해 자신이 지니고 있는 공부 도식을 확장 발전시켜 나간다. 따라서 부모의 공부 도식은 자녀의 공부 방식을 재구조화하는 과정을 통해 변화된다고 볼 수 있다.

이제는 절공(공부 절약)의 시대

이러한 부모의 노력에도 불구하고 자녀의 성적이 기대한 대로 나오지 않으면, 부모들은 이해가 안 된다면서 자신의 공부 도식을 자녀의 입장에서 수정하거나 변화시키기보다는 주변의 정보나 학원 상담을 통해 바꾸어 나가려고 하는 경향이 있다. 물론 '공부 도식의 재구조화'를 통해 이전과 달리 자녀의 성적이 오르는 경험을 하는 부모들도 일부 있다. 이 같은 부모들은 사교육의 가치를 인정하게 되며 사교육 기반의 공부 도식의 수정과 변화에서 오는 즐거움을 경험하기도 한다. 그러나 공부 도식의 재구조화를 통해 성적 상승의 짜릿함을 맛보지 못하는 대부분의 부모들에게, 자녀의 성적은 머리 아프고 피곤하며 견디기 어려운 상황으로 인식되는 것이 현실이다. 또한 초·중·등학교로 갈수록 성적 향상을 기대하기 어려운 교육 현실을 고려할 때, 상기와 같은 학부모의 공부 도식의 재구조화는 자녀의 성적 향상에 도움을 주지 못하는 피상적인 행위로 지나가버릴 수 있다. 즉, 부모는 성적 향상을 위해 자녀의 공부는 반드시 필요하며 이를 외곽에서 지원하기 위해 자신의 공부 도식을 최대한 활용하지만 별 소득 없이 종료되는 것이 현실이다.

이제는 '공부 끄기'가 필요한 시기다. 자녀의 공부에 '올인(All-in, 한 번에 모두 걸기)'하는 것이 아니라 '절공(공부를 절약하자)'의 지혜가 요구되는 시기다.

전기만 절약하는 것이 아니다. 공부도 절약해야 정말로 필요한 때에 마음껏 사용할 수 있다

다음은 중앙일보(2017. 12. 12) 기사[9] 중 일부이다.

"쉴 때 쉬고 공부할 땐 집중한 게 만점 비결" 민사고 길병건 군

[중앙일보 박진효 기자]

"쉴 때는 푹 쉬고 공부할 때는 집중해서 한 것이
수능 만점으로 이어진 것 같아요."

정해진 시간에 집중해서 공부하는 것이 바람직
수능 2주 전부터 시간표에 맞춰 모의고사 풀어
현재 서울대 경제학과 수시 결과 기다리는 중

2018학년도 대학수학능력시험에서 만점을 받은 민족사관고 길병건(18세)군은 12일 중앙일보와 인터뷰에서 이렇게 말했다. 길군은 '늦은 시간까지 오래 책상에 앉아 있는 것보다 정해진 시간에 집중해 공부하는 것이 바람직한 공부법'이라며 '수능 공부는 새로운 것을 배우는 것이 아닌 비슷한 문제를 반복적으로 풀어야 하는 만큼 멘탈관리 가장 중요하다'고 말했다.

[일문일답]

질의: 수능 만점을 받았는데 소감은 어떠한가?

9 http://edu.donga.com/?p=article&ps=view&at_no=20171127110509630261

응답: 우선 만점이 공식적으로 확인되니 마음이 편안해졌다. 가채점에서 만점이 나와 기분이 상당히 좋았는데 혹시 실수로 잘못 표기했을 수도 있는 만큼 상당히 불안했었다.

질의: 수능 만점 비결은 무엇인가?

응답: 하루에 정해진 양의 공부를 하고 수능 시간표에 맞춰서 집중적으로 모의고사 문제를 풀었다. 수능을 2주가량 앞두고 생활패턴을 수능 시간표에 맞췄다. 매일 오전 6시 30분에 일어나 간단한 체조를 한 뒤 국어·수학·영어·한국사·사회탐구의 순으로 모의 고사를 반복적으로 풀었다. 수능 시험날처럼 과목별로 시간제한도 뒀다.

기숙사 생활을 하는 길군은 학교 특성상 사교육을 할 수 없어 3년간 학교에서 배운 것 으로만 공부했다. 수능을 앞두고 학교 수업 외엔 한국교육과정평가원 기출문제와 EBS 교재를 주로 봤다고 한다.

질의: 수능 준비하며 가장 어려웠던 점은 무엇이었나?

응답: 그동안 공부한 문제를 푸는 것인데 실수를 줄여야 좋은 성적이 나오는 만큼 정신적으로 힘들었다. 그래서 멘탈관리에 신경을 많이 썼다. 특히 지진으로 수능이 일주일 연기됐을 때 아 이걸 일주일 더 해야 하나 빨리 끝났으면 좋겠다고 생각했다. 하지만 일주일 동안 제2외국어인 '스페인어'의 문법과 어휘 등을 암기해 오히려 좋은 기회가 됐다.

질의: 가장 어려웠던 과목은 무엇이었나?

응답: 국어가 가장 어려웠다. 평소 문학을 어려워해 기출문제를 많이 풀었다. 만점을 받을 수 있을 거라 생각지 못했는데 너무 기쁘다.

질의: 힘든 시기에 누구의 도움이 컸나?

응답: 기숙사에 함께 생활하는 친구들의 도움이 가장 컸다. 한 방에 3명

함께 생활하는데 같이 공부하고 대화를 많이 나눴다. 잘하는 과목도 달라 모르는 문제는 서로 알려주며 공부했다. 특히 같은 방 친구 두 명이 모두 국어를 잘해 많은 도움을 받았다.

질의: 앞으로 수능을 볼 후배들에게 하고 싶은 말은 무엇인가?

응답: 평소에 학교 공부를 열심히 하는 것이 가장 좋다. 3년간의 교육 과정에만 제대로 공부해도 충분히 좋은 성적 거둘 수 있다.

질의: 장래희망은 무엇인가?

응답: 장래희망은 아직 정하지 못했다. 하지만 최근에 경제 분야 관심이 생겼다. 경제학은 문과적인 사고와 이과적인 사고를 동시에 배울 수 있어 굉장히 유용하고 중요한 학문이라고 생각한다.

길 군은 원래 법조인을 꿈꿔 왔는데 최근 학교에서 경제에 대해 배우면서 경제학에 대한 관심이 커졌다고 한다. 현재 서울대 경제학과의 수시전형 결과를 기다리고 있다.

출처: http://edu.donga.com/?p=article&ps=view&at_no=20171127110509630261

상기내용을 바탕으로, 우리는 다음과 같은 점을 고민해볼 필요가 있다.

쉴 때 쉬고 공부할 때 집중한다는 것은 의미는 무엇인가.

대한민국의 모든 자녀가 내신 또는 수능에서
다 함께 1, 2등급을 받을 수 있는 확률은 0%다.
그럼에도 우리 부모들이 포기 못하는 이유는 무엇일까?

5-3

공부는 견고한 발판(scaffolding)

부모가 생각하는 발판: 수단의 하나로 인식

우리 부모들이 생각하는 발판의 의미는 우리 자녀의 학습 측면과는 다소 차이를 지니고 있다고 볼 수 있다. 본래 발판은, '어떤 곳을 오르내리거나 건너다니기 좋게 하기 위해 걸쳐놓은 발 디디는 곳'을 의미하는 용어로 '계기가 되는 것'[11]을 의미한다. 그런데 부모들에게 자녀의 학업과 관

2012 겨울, 케냐 버스의 옆면에 새겨진 로고, KBS[10]

10 케냐에도 KBS(Kenya Bus Service)가 있다. 물론 의미는 다르지만….
공부의 의미도 하나의 계층 이동의 수단으로 사용되기도 한다.

11 연세 한국어 전자사전.

2009년 여름, 뉴욕 전경의 모습[12]

련된 발판의 의미는 크게 두 가지로 구분될 수 있다.

첫째, 공부 자체를 하나의 발판으로 보는 것이다. 우리 자녀가 앞으로 성장했을 때 자신이 하고 싶은 일을 당당히 할 수 있는 기회를 제공해 줄 수 있는 것으로 해석될 수 있다. 이 경우, 자녀의 공부는 그 자체로 의미가 있기보다는 진로, 취업, 직업 선택 등의 수단으로서의 역할을 온전히 감당했을 때 의미가 있다.

부모가 생각하는 발판: 부모가 하나의 발판

둘째, 부모의 역할 자체를 하나의 발판으로 보는 것이다. 즉, 부모가 자녀의 학업에 필요한 모든 것으로 지원해주는 역할, 발판의 역할을 부모 자신의 소임으로 생각하는 것을 의미한다. 이 같은 의미의 발판은 '학생 스스로의 힘으로 당면한 과제나 문제를 해결할 수 있는 단계에

12 미국에서도 부모의 발판은 자식의 교육에 영향을 미친다. 다만 부모의 발판이 미약

헬리콥터 맘의 모습[14]

도달할 때까지 제공되는 도움이나 보조'[13]로 제시된 발판의 본래 의미와 일정부분 일맥상통한다고 볼 수 있다.

한국만의 특수한 상황?

그런데 여기에는 발판이 지닌 본래의 의미와는 상충되는 한국의 상황에 특화된 의미가 숨어 있다. 본래 학습은 자녀의 노력과 학습을 기반으로 형성된 지적 영역[15]을 기반으로 이루어진다. 다만 자녀 혼자서 노력하는 것보다 주변의 수준 높은 동료나 성인(일명 교사)과의 긍정적인 상호작용을 바탕으로, 보다 효율적으로 수행되고 성과를 높일 수 있다고 볼 수 있다. 그런데, 부모들에게 자녀의 공부는, 자녀의 노력이 우선시되기보다는 부모의 지원과 열의, 희생을 바탕으로 이루어지는 다소 종속적인 활동으로 인식되어 있다. 즉, 부모는 자신의 지원과 헌신을 발판으로 하여 자녀가 공부를 시작하고 성취할 수 있는 것으로 이해하고 있다. 이로 인해, 일부 부모들은 조금이라도 일찍 자녀의 교육에 도움이 되고자, 조기교육, 영재교육, 영어교육 등을 시키고자 노력하고 있다.

할 때, 이를 지원할 수 있는 다양한 방안도 마련되어 있다.

13 박성익 외(2015). 교육방법의 교육공학적 이해(5판). 서울: 교육과학사.

14 https://encrypted-tbn0.gstatic.com/images?q=tbn:ANd9GcRcA7ZH2w0IOJsfmSXEH_30yg6oEgXNriGWqrBvLkq6oqbkKHU_

15 근접발달영역.

발판에 대한 왜곡된 시각

우리 대학생들의 어려움: 2011.5.31. 한겨레: 장봉군 그림[16]

상기와 같은 발판의 두 가지 의미는, 모두 한국의 독특한 교육상황을 대변해 주고 있다. 물론 공부는 일정부분 자녀의 앞길에 발판의 역할을 할 수 있다. 또한 부모 기반의 발판은 자녀의 공부에 도움을 주는 부모 지원을 의미하며 자녀의 성적을 신장시키는 데 결정적인 계기를 마련해 주는 중요한 역할을 한다고도 볼 수 있다. 즉, 부모의 지원은 자녀가 공부하고 성장하는 데 커다란 도움을 줄 수 있다. 그렇다면, 이 같은 발판에 대한 부모의 왜곡된 시각의 근본적인 원인을 어디서 찾을 수 있을까? 특히 한국의 부모로서 자녀를 양육하고 지원하는 활동은, 왜 이렇게 어렵고 힘든 것일까? 그 해답 중의 하나는 우리 부모 세대의 상황에서 찾아볼 수 있다. 지금 자녀들의 부모 세대, 그리고 조금 윗세대에게 공부는 가정 형편이 되어야 할 수 있는 특권 중에 하나였다. 예전에 대학을 '우골탑'이라고 부르던 시기가 있었다. 아마 이 책을 읽는 독자중에 '우골탑'의 의미를 모르는 분은 없을 것이다.

예전의 대학생

이처럼, 대학은 자녀가 공부만 잘 해야 가는 곳이 아니라 부모가 지

16 http://news.naver.com/main/read.nhn?mode=LSD&mid=sec&sid1=110&oid=028&aid=0002096112

원을 해주어야 가능한 상급교육기관이었다. 실제로 내가 어렸을 때, 공부는 잘하지만 가정형편이 어려워서 고등학교만 진학하고 생활전선에 뛰어든 경우를 어렵지 않게 볼 수 있었다. 또한 장남은 대학에 보냈지만, 그 밑 동생들은 대학에 보내지 않는 경우도 있었다. 지금으로서는 상상도 할 수 없는 일이지만, 그 당시에는 보편적인 현상 중의 하나였다. 지금 세대의 부모들에게는 이와 관련된 기억들이 생생하게 남아 있다. 그런데, 한 가지 더 추가하면 이 같은 상황은 가정 형편의 차이라기보다 자녀에게 모든 것을 지원해 주고 싶은 한국의 특화된 현상이라고 볼 수 있다. 가정 형편이 좋으면 좋은 대로, 좋지 않으면 좋지 않은 대로, 자녀에게 최선을 다하고 싶은 부모의 헌신이라고 볼 수 있다. 특히 한국에서는 이러한 현상이, 교육분야에서 가장 두드러지게 나타나고 있다고 볼 수 있다.

대학 졸업까지 자녀 1명 양육비 4억[17]

대학만 나와라!

내가 대학에 입학했을 무렵, 대학생 과외가 법적으로 허용이 되었다. 그 이전에는 모든 과외는 법적으로 허용되지 않아 불법이었다. 그 당시, 과외 교사로 가르쳤던 아이들 중 공부에 전혀 관심이 없던 한 학생이

17 http://db.kookje.co.kr/news2000/photo/2017/0301/20170301.33001223441i1.jpg

있었다.[18] 개인적으로 여러 가지 노력을 시도했지만 그 학생의 공부에 대한 자세는 전혀 나아지지 않았다. 물론 과외 이전보다 성적은 어느 정도 올랐지만, 공부하기 싫어하는 학생을 가르치는 것은 개인적으로도 정말 힘들고 어려운 일이었기에, 용기를 내어 학생의 어머님께 여러 사정을 말씀드리고 그만 두겠다고 하자, 어머니께서 지금처럼만 계속해서 해주면 안 되겠냐고, 소원이 하나 있는데, 자신의 자녀가 대학에 가는 것이라고 말씀하시는 것이었다. 나중에 구멍가게를 하더라도 자녀를 대학에 보내는 것이 작은 소망인데, 선생님 말씀은 그래도 듣는 척이라도 하니, 부탁한다고 하시면서 정중히 부탁을 하시는 것이 아닌가? 물론 이 같은 자녀 교육에 대한 부모의 자세는 '옳다' 혹은 '틀리다'로 판단할 수 있는 문제는 아니다. 다만 이 같은 행위가 보편적으로 나타날 때, 득보다는 실이 더 크게 나타날 우려가 높다는 점이다.

발판으로서의 부모의 의미

여기서 우리 부모들은 냉철하고 명확한 판단을 내려야 할 것이다. 부모가 자녀의 학업과 관련하여 지원할 수 있는 발판은 무엇일까? 그리고 그 지원이 우리 자녀들을 행복하게 하며 실질적인 도움을 줄 수 있는가? 혹시 자녀를 위한다는 마음 속에 부모의 욕심도 함께 자리를 잡고 있는 것은 아닌가? 결론부터 말하면, 부모의 발판은 자녀가 필요로 할 때 제공될 필요가 있다. 또한 부모가 자녀의 삶을 살펴보고 필요하다고 판단될 때, 주변 전문가, 그리고 부부가 함께 고민하고, 최종적으로 자녀와 상의한 후에 지원여부를 결정할 필요가 있다. 부모들이 자녀에게 발판을 제공하는 시기를 살펴보면, 대부분 유치원에서 초등학교

18 대학시절 과외활동은 거의 기억이 나지 않는다. 일부만 기억이 어렴풋이 있는 정도다.

저학년에 정점을 이룬 후, 중학교 이후부터는 자녀의 성적에 따라 상이하게 나타나는 경우가 많다. 그러나 발판은 자녀들의 성적에 관계없이 모든 시기에 제공될 필요가 있다. 그리고 가장 효과적인 발판은 자녀와의 대화, 여행, 콘서트 참가, 취미활동 공유라고 볼 수 있다.

다음은 한겨레신문(2016. 12. 13.) 기사[19] 중 일부이다.

자녀양육비, 가구소득 25% 쓴다… "부모 덕목 1순위 경제력"

[한겨레 황보연 기자]

육아정책연구소, 자녀양육관 조사
부모 60% "양육비 부담스러워"
바람직한 부모 덕목이 '경제력'
아들은 책임감, 딸은 용모 기대
아빠들 주중 0.58시간 자녀와 보내

우리나라 부모들이 자녀양육을 위해 쓰고 있는 비용은 가구소득의 25% 수준인 것으로 나타났다. 또 부모의 60%가량은 이런 비용을 부담으로 느끼는 것으로 조사됐다.

문무경 육아정책연구소 국제연구협력실장은 13일 육아선진화 포럼에서 '한국인의 부모됨 인식과 자녀양육관'을 조사·연구한 결과를 발표했다. 2008년에 이어 두번째로 이루어진 이번 조사에는 20~50대 성인 1013명이 응답했다. 자녀를 둔 기혼자 외에 미혼자 259명과 자녀가 없는 기혼자 57명이 포함됐다. 우선 부모들은 평균적으로 가구소득 대비 24.8%를 자녀양육에 쓴다고 답했다. 20대 부모가 17.7%로 가장 비중이 낮았으며 30대가 27.3%로 가장 높았다. 자녀가 1명인 경우는 가구소득의 20.1%, 자녀가 3명 이상

19 http://www.hani.co.kr/arti/society/society_general/774480.htm

인 경우는 28.7%였다. 이런 지출에 대해 59.7%의 부모들은 부담스럽게 여기고 있는 것으로 나타났다. 자녀의 성장에 부모가 미치는 영향력이 매우 크다고 생각하는 비중은 2008년 44.7%에서 올해 57%로 많아졌다. 또 부모로서 자신의 역할에 대한 평가를 보면 2008년에 충분하다고 생각하는 비중이 35.7%였지만 올해는 26.7%로 감소했다. 역할이 불충분하다고 생각하는 이유도 '경제적 지원'이 부족하다는 인식 때문이었다. 이는 바람직한 부모에게 가장 필요한 덕목을 '경제력'이라고 꼽은 부모가 가장 많은 조사결과와도 맥락이 닿아 있다.

부모가 경제적 지원을 언제까지 해줘야하는지에 대해선, 2008년에는 '대학 입학 전까지' 혹은 '대학 졸업 때까지'라는 응답이 73.8%였는데 올해는 '대학 졸업때까지' 혹은 '취업 때까지'라고 응답한 이가 72.9%였다. 경제적 지원을 더 오랜 기간 해줘야 한다고 생각하고 있는 것이다. 이번 조사에 응한 여성의 약 20%가 '자녀가 없어도 된다'고 했는데 그 이유도 경제적 부담(43.3%)이 큰 비중이었다.

자녀에 대한 기대치에 대한 견해를 묻는 자녀양육관에서도 2008년과 올해 조사에서 차이가 났다. 2008년에는 아들이 성격과 태도(책임감·성실성)에서 뛰어나길 바라는 부모가 33.5%로 가장 많았는데 올해는 사회성(대인관계·리더십)이 뛰어나길 바라는 부모가 37.3%로 가장 많았다. 딸의 경우, 2008년에 신체적 조건(용모·키·몸매)이 1순위(28.4%)로 꼽혔는데 올해는 신체적 조건이 뛰어나길 바라는 이들의 비중이 31.3%로 더 늘었다. 성격과 태도도 22.9%에서 31.2%로 비중이 높아졌다.

문무경 실장은 "한국의 부모는 좋은 부모의 우선적 조건과 좋은 부모가 되는데 가장 걸림돌이 되는 것, 부모로서 부족하다고 느끼는 점에서 모두 '경제력'을 꼽고 있다. 자녀교육비 지원을 위해 부모가 일을 더 많이 하게 되므로 자녀와의 정서적 유대와 소통이 약화되고, 자녀도 학업성취에 시간을 더 많이 투자하게 돼 부모와 시간을 보내기 어려운 구조로 악순환하고 있다."고 지적했다. 이번 조사에서 '자녀에게 온전히 집중해 함께 보내는 시간'을 물었더니, 주중에는 어머니가 하루 평균 1.08시간, 아버지가 0.58시간이었고 주말의 경우 어머니와 아버지가 각각 2시간과 1.85시간이었다.

이날 포럼에서 홍승아 한국여성정책연구원 가족·평등사회연구실장은 '경제 위기와 피로사회 혹은 과로사회가 지속되면서 개인의 생존마저 어려운 시대가 되고 있으며, 이런 현실은 가족과 자녀양육에 큰 영향을 미친다. 결혼에 대한 절대적 가치가 줄어드는 것과 마찬가지로 '의도적 무자녀 부부'와 같이 자녀에 대한 가치가 상대적인 것으로 변하고 있다는 부분도 저출산 대응정책에서 다뤄져야 할 중요한 연구과제'라고 말했다.

원문보기: http://www.hani.co.kr/arti/society/society_general/774480.html#csidx42c842eb27fd6a9aeff551c9362a568

이상의 내용을 종합적으로 고려해 볼 때, 우리는 다음과 같은 점을 고민해볼 필요가 있다.

나는 부모로서 우리 아이에게 어떤 발판으로 인식되고 있는가?

나의 부모가 나에게 지원해 주었던 발판 중
가장 기억에 남는 발판은 무엇인가?

5-4

공부 인지(learning cognition)의 확장성

성적은 여러 역량 중 하나

혹시 여러분들 중에 공부를 잘하면 다른 것도 잘할 수 있다고 생각하는 분이 있는가? 즉, 학교 성적이 우수하면 나중에 사회가 진출하여서도 자신의 업무에 최선을 다하고 높은 성과를 도출해 낼 수 있다고 확신하는 분들이 있는가? 보통 특강이나 강연회에서 상기와 같은 질문을 하면 동시에 다음과 같은 재 질문을 받는다. "아이고 정 선생, 이왕이면 다홍

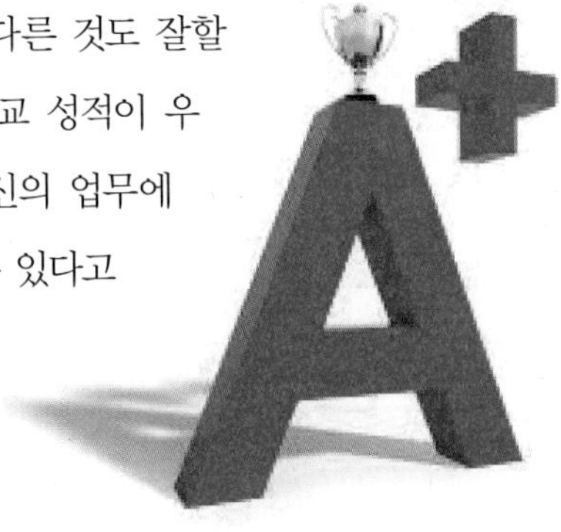

A+, 나도 몇 번 못 받아 본 학점[20]

20 http://mn.kbs.co.kr/mobile/news/view.do?ncd=3468268

치마라고 다른 조건이 비슷한 상황에서는 성적, 또는 학점이 우수한 학생을 선호하는 것이 인지상정이 아닌가? 정 선생은 어떻게 생각하나?" 이런 경우에 나의 대답은 한 가지다. "모든 사람들의 조건과 상황은 같을 수 없다. 학점은 학생의 다양한 역량 중에 하나일 뿐이다." 공부를 잘한다고 나중에 다른 일들도 모두 잘한다고 볼 수 없다. 오히려 학창시절에 공부는 잘 했지만 도리어 다른 업무는 못할 가능성도 있다. 특히 업무 특성에 따라 공부보다는 인성, 사회성 등이 보다 중시되는 경우도 있다. 공부는 학생이 지닌 하나의 역량일 뿐 그 이상도 이하도 아니다. 따라서 학생들은 평가할 때는 성적중심의 단면평가가 아니라 가능한 모든 역량을 측정할 수 있는 다면평가를 실시할 필요가 있다. 그런데 여기에 문제가 하나 있다. 다면평가는 시간과 비용이 많이 소요되며 객관적이고 공정하게 평가를 수행하는 것이 쉽지 않다는 것이다. 이로 인해, 우리 사회에서는 공부를 바탕으로 도출된 성적을 가장 우선시 하는 경향이 있다. 다만, 일부 분야에서 조금씩 변화가 나타나고 있다. 대학에서 신입생을 선발하는 데 내신이나 수능점수보다는 학생의 특기나 역량 등을 평가하여 선발하는 사례가 점차 늘어나고 있다. 예를 들어, 서울예대는 학생의 '끼'를 중심으로 학생들을 선발하며, 졸업생들은 우리나라 방송예술계의 중추적인 역할을 하고 있다.

연예인의 명문 서울예대, 쓰레기(정우)의 모교로 재조명

[베리타스 알파 김주현 기자]

[전략]

화려한 MC 군단… 유재석 신동엽 이휘재 이영자

현재 MC계의 선두에 서 있는 이들이 서울예대 출신들이다. 더 이상의 수식어가 필요 없는 국민 MC 유재석, 톡톡 튀는 재치가 돋보이는 연예대상까지 수상한 실력파 MC 신동엽, MC계에서 롱런하고 있는 남희석과 이휘재, MC계의 홍일점 이영자, 지금은 안타까운 사건으로 활동을 접었지만 오랜 기간 MC로 활약한 김용만이 모두 서울예대 출신이다.

스크린 휩쓰는 여배우들… 전도연 손예진 김하늘 3인방

연기력으로 인정받는 여자 연기자들이 서울예대를 선택했다.

칸의 여왕 전도연, 멜로 연기의 일인자 손예진, <신사의 품격>으로 로맨틱 코미디의 정수를 보여준 김하늘, <불꽃>으로 확실한 존재감을 보여준 정혜영, 꾸준히 좋은 활동을 보여주고 있는 박선영, 감독과 작가로도 활동하는 끼 많은 구혜선, 이외에도 한은정, 홍은희, 윤진서 등 현역에서 주목받고 있는 여배우들의 출신 학교가 서울예대이다.

연기파 남자 배우들… 김명민 류승룡 황정민 이준기 김수로 장혁

대세남 정우 외에도 수많은 연기파들이 나온 학교가 서울예대. 특히 연기 잘하기로 소문난 배우 김명민이 이 학교 출신이다. 이외에도 충무로의 떠오르는 연기파 배우 고창석, 조연에서 주연으로 자리매김한 연기파 배우 류승룡, 코미디 연기의 선두에서 '신사'로 변신한 김수로, 얼마전 영화 <신세계>로 또 한 번 주목받은 연기력 황정민, 로맨틱 코미디 연기로 유명한 차태현, <투윅스>에서 뛰어난 연기력을 보여준 이준기, <내 연애의 모든 것>의 흡입력있는 연기력 신하균, <추노>로 재조명받은 장혁 등이 서울예대가 배출해 낸 스타들이다.

실력파 가수들… 딕펑스 김건모 김연우 김건모 박기영 박미경

색깔있는 목소리로 90년대를 휩쓴 가수 김건모, 노래 잘하기로 소문난 김범수, 슈스케 4에서 준우승을 한 실력파 밴드 딕펑스, 발라드의 신 김연우, 가창력으로 인정받은 박기영, 박미경이 서울예대를 나왔다.

중견 탤런트들도 즐비… 신구 양택조 길용우 최명길 최민수

<꽃보다 할배>의 신구가 서울예대를 나온 연기자이다. 이외에도 여러 작품에서 좋은 연기를 보여줘 연기력을 인정받은 배우들이 서울예대를 나왔다. 반효정, 양택조, 독고영재, 길용우, 이휘향, 최명길, 최민수, 허준호, 송채환 등이 그 주인공으로, 서울예대가 배출한 스타들이다.

출처: http://www.veritas-a.com/news/articleView.html? idxno=18416

아마 이 같은 기사를 보면, '지엽적인 내용이다, 우리 현실과는 맞지 않는다. 저자가 너무 편협적인 시각을 가진 것 같다'라고 생각할 수도 있을 것이다. 그러면 다음과 같은 사례는 어떻게 생각하는가?

세무·회계사 年 100여 명 합격… '특성화' 웅지세무대 이름값

[뉴데일지 경제 류용환 기자]

경쟁력 강화 등을 위한 전문대의 특성화 교육이 인재 육성을 위한 중요 요소로 꼽히는 가운데 가운데 웅지세무대학교가 '밀착형 학업 시스템' 등을 통해 다양한 성과를 내놓고 있다.
세무·회계 분야 특화교육을 진행 중인 웅지세무대는 그동안 교육 과정에 내실을 기하며 전문자격증 취득자, 공무원시험 합격자 등을 꾸준히 배출해왔다.
다만 1주기 대학구조개혁 평가에서 좋지 못한 성적을 받으면서 어려움이 있지만, 특화된 학교만의 교육 과정과 더불어 학생 취업 역량 확대 등에 집중하고 있다.
올해 5월 한국산업인력관리공단에서 발표한 '제54회 세무사 1차 시험' 합격자 중 웅지세무대 출신은 103명을 기록했다.
앞서 지난해 치러진 53회 세무사 1차 시험에서는 124명이 합격증을 받으면

서 웅지세무대는 2년 연속 세자리 수 합격자를 배출했다.

그동안 세무·회계 분야에 진출한 웅지세무대 출신 공인회계사, 세무사, 세무 공무원 등은 2004년 학교 개교 이후 700여 명에 달한다. 현재 입학정원 599명, 3년제 전문대인 웅지세무대는 학교만의 특성화 교육으로 입지를 다진 셈이다.

[중략]

지난해 웅지세무대가 배출한 공인회계사는 11명, 세무사 40명, 세무공무원 30명으로 매년 수십명이 세무·회계 분야로 진출한다.

최연소 합격자 타이틀도 눈길을 끈다. 2006년 공인회계사를 시작으로 웅지세무대는 세무사 4회, 감정평가사 2회 등 최연소 합격자 기록을 다수 보유하고 있다. (2017. 6. 14)

출처: http://biz.newdaily.co.kr/news/article.html?no=10134306

부모가 변해야 한다

이제 우리 부모들도 변해야 한다. 자녀의 공부량과 이를 통해 도출되는 성적만 강조하기보다는, 자녀의 적성과 소질이 무엇인지 관찰하고 살펴볼 필요가 있다. 이를 위해서는 자녀를 위해 소위 좋은 학군으로 이사하거나 좋은 학원을 찾기보다는 자녀의 특성을 찾고 여기에 적합한 자원을 제공해 줄 필요가 있다. 물론 자녀의 적성이 특정 분야를 공부하고 연구하는 것에 적합하면 해당 분야의 학업을 지속적으로 이어가게 도와주는 것이 좋을 것이다. 물론 학창시절에 공부를 열심히 하고 좋아하는 것은 중요하다. 그러나 우리나라 현실에서 모든 학생들이 내신 1등급을 받고 수능에서 높은 성적으로 올리는 것은 불가능하다. 그러나 흥미 있는 영역을 집중적으로 공부하고 이를 지속하는 것은 누구나 할 수 있다. 물론 전제 조건이 있다. 우리 아이들의 특성과 흥미를 정확히 파악하는 것이다. 그리고 열심히 노력하는 것이다. 어떤 영역은 소위 말하는 공부보다 더 어렵고 힘들 수도 있다. 아니, 힘들고 어려운 경우가 더 많다고 볼 수 있다. 그러나 자신이 좋아한다면 상황은 달라질수 있다. 비록 그 길이 어렵고 힘들지라도.

따라서 진정한 의미의 공부 인지는 '자녀의 특기와 흥미에 적합한 공부를 할 때 유발되는 사고 과정에 대한 지식'이라고 볼 수 있다. 또한 이 같은 공부 인지가 확립되면, 학교에서 이루어지는 교육을 바라보는 시각도 달라질 수 있다. 따라서 부모는 공부만을 강조하기보다는 진정한 의미의 공부를 탐색하고 우리 자녀들에게 가장 적합한 활동을 함께 찾는 과정에 든든한 지지자가 될 필요가 있다. 물론 이 같은 활동이 말처럼 쉽지는 않지만 반드시 수행해야 될 사항이다.

다음은 KBS 멀티미디어 뉴스(2017. 4. 21.) 기사[21] 중 일부이다.

경쟁의 끝은 어디? … 서울대생의 학점 전략은?

[KBS 김수연 기자]

육군 제대와 서울대 복학을 앞둔 A군(23세, 14학번)은 기대보단 걱정이 앞선다. 평균 학점이 4.0점인 동기가 경제학부 복수전공에 진입하지 못했다는 소식을 들었기 때문이다. 여기저기 수소문해 본 결과, 학점 4.1이 넘어야 안정적으로 경제학부 복수전공에 진입할 수 있다고 한다.
서울대의 학점 만점은 4.3(A+), 모든 과목을 평균 A0(4.0)이상 받아야 하는 셈이 된다. 평균 A를 받는 학생들이 이렇게 많다니! 비상경계 계열 학생

21 http://mn.kbs.co.kr/mobile/news/view.do?ncd=3468268

으로, 취직에 도움이 되는 경제학과를 복수전공하기로 일찌감치 마음먹은 A군은 막막하기만 하다.

학점경쟁 이유는 취업

취업 시장에서 학부생은 둘로 나뉜다. 상경계와 非상경계다. 신입사원 공채에서 지원자격에 상경계가 들어가는 사기업도 한둘이 아니다. 때문에 주전공이 경제나 경영이 아닌 인문계 학생들이 제2전공(복수·부전공)으로 경제학사를 선호하는 경우가 많다.

서울대에서 경제학사를 하기 위해선 경제학부나 농경제학과를 졸업해야 한다. 올해 복수전공 경제학부 진입 학점 컷은 4.1, 농경제학과는 3.8 정도인 것으로 추정된다. B학점(2.7~3.3)은 발 붙일 곳이 없는 점수다.

심리학과와 언론정보학과도 인기다. 이들 역시 복수전공을 하기 위해선 4.0 초반대의 평균 학점을 받아야 하는 것으로 알려져 있다. 경제학부는 인기가 많은 만큼 규모도 크지만 심리학과와 언론정보학과는 인기에 비해 정원이 작다. 전공 진입 학점이 높아지는 이유다. 학점은 제2전공 진입 외에도 다양한 평가 기준이 된다. 서울대의 학점 경쟁을 높인 또 하나의 주요한 이유는 '로스쿨'이라고 학생들은 입을 모은다. 대형 로스쿨들이 학부 학점을 주요 평가 기준으로 보면서, 1학년부터 학점을 관리하는 것이 당연한 세태가 됐다는 것이다. 소위 'SKY' 로스쿨에 입학한 학생들의 스펙을 비교해보면, 평균 4점 초반대는 넘는 것으로 추정된다. 학점이 곧 진로로 이어지는 상황에서, 0.1점을 더 받기 위한 경쟁은 치열해져만 가고 있다. 넋 놓고 있다간, 높아져만 가는 학점 벽 앞에서 좌절하게 되는 것이다.

'뻘몰이'에서 '김영란법'까지… 학점 잘받기 A to Z

그런데 서울대학교 대부분의 수업은 '줄세우기', 상대평가다. 이 상대평가의 경쟁 속에서 모두가 A를 받는 것은 당연히 불가능하다. 좋은 학점을 받기 위한 신입생들의 전략을 소개한다.

[전략1]

학점을 잘 주는 교수의 수업을 체크해두는 것은 첫번째 할 일이다. 대형 교양 강의 중에 학점을 +로 몰아주는 '쁠몰이' 강의가 일례다. A인 학생들은 A+, B인 학생들은 B+로 몰아주는 식이다. 신입생이라면 모름지긴 이런 '꿀강의'부터 파악해둬야 하겠다.

[전략2]

'재수강'을 적절히 이용하는 것도 필수다. 재수강은 C+이하의 수업을 다시 들어 학점을 다시 받는 제도다. 학점 평균 4.0을 노리는 학생이라면 B(학점 2.7~3.3)를 받느니 C를 받아 최종 A학점을 노리곤 한다. 중간고사 이후 A를 받을 수 없을 것 같으면, 아예 기말고사를 망쳐버리는 경우도 있다고 한다.

만약 B를 받았는데 꼭 재수강을 해야 하는 학생들은 교수에게 '학점을 내려달라'며 메일을 보낸다. 몇 년 전까지만 해도 이 메일은 꽤 먹히는 편이었는데, 요즘은 학교 차원에서 이를 지양하고 있다고 한다. 몇몇 교수들은 지난해 말부터 이같은 메일이 '김영란 법상 부정청탁'에 해당할 수도 있다며 난색을 표했다고도 한다.

[전략3]

수업을 중간에 그만두는 '드랍(수강포기)'도 주요 전략이다. 학기 초엔 6개 수업을 꽉 채워 수강신청을 하고, 좋은 학점을 받기 어려울 것 같은 수업은 중간에 그만두는 것이다. 평균 학점을 높이기 위해 한 학기에 듣는 수업의 수는 줄어들고, 졸업까지 늦어지는 결과가 나타난다. 애초에 8학기만에 칼같이 졸업해선 취업하기 어려워 졸업유예를 하는 시대니, 일석이조의 전략이라 하겠다.

원문보기: http://mn.kbs.co.kr/mobile/news/view.do? ncd=3468268

이상의 내용을 종합적으로 고려해 볼 때, 우리는 다음과 같은 점을 고민해볼 필요가 있다.

대학에서의 학점은 고등학교 때까지의 공부방식과
밀접한 관련이 있는가?

우리 아이들의 공부 인지를 사회 인지로 확장시킬 수 있는
요소에는 무엇이 있는가?

부모가 자녀의 특기나 적성을 올바로 찾는 방법에는 무엇이 있는가?

CHAPTER

6

부모의 꿈

1958년 고등고시시험장 전경(출처: 국가기록원)*

* 강당에서 수험생들이 시험을 치루는 모습이 인상적이다.

6-1

꿈, 그건 중요한 거야

당신은 성공적인 삶을 살고 있는가?

누군가 '우리 부모들은 일단 성공한 삶을 살고 있다'라고 주장한다면, 당신은 여기에 동의할 수 있겠는가?

아참… 잊은 게 있는데, 혹시 독자 중에서 아직 미혼인 분들이 있으면 이 장은 읽지 말고 넘어가도 좋다. 만약 읽고 싶다면, 아무런 비판 없이 그냥 읽어 주면 고맙겠다. 물론 작가가 독자에게 감히 이런 말을 할 자격은 없지만….

자, 다시 돌아와서, '당신은 **어느 정도** 성공적인 삶을 살고 있다고 생각하는가?'와 '당신은 성공적인 삶을 살고 있다고 생각하는가?'라는 질문을 받는다면, 당신은 어떻게 응답할 것인가? 상기와 같은 질문을 받는다면, 당신의 응답은 '그렇다'와 '아니다'로 구분될 것이다. 첫 번째 질문과 두 번째 질문의 차이는 '어느 정도'라는 조건의 차이다. 그리고 '어느 정도'가 있을 때가 없을 때보다 '그렇다'라고 응답할 가능성이 높다. 이유는 간단하다. '어느 정도'라는 용어가 '성공적인 삶'이라는 문구에 한계를 제공해주기 때문이다. 즉, '어느 정도'라는 용어가 있으면 '성공적인 삶'의 의미를 제한적으로 해석할 수 있는 개연성을 부여해 주기 때문에, '그렇다'라고 응답하는 데 따라오는 부담감을 최소화시킬 수 있다.

부모의 삶은 성공적?

자녀가 있다는 자체는 일단 성공적인 삶의 기본 조건을 갖추고 있다고 볼 수 있다. 그러나 엄밀히 따지면, 기본적인 조건이 마련되었을 뿐이지 그 자체가 성공적인 삶을 의미한다고는 볼 수 없다. 그렇다면, 부모로서 우리에게 성공적인 삶은 무엇을 의미할까? 부모의 삶에 대한 성공 정도를 측정할 수 있는 척도가 있다면 빠질 수 없는 것이 바로 '자녀와 관련된 것'일 것이다. 물론 부모마다 개인적인 차이가 있겠지만, 부모의 삶에 자녀가 차지하는 비중은 거의 절대적이라고 볼 수 있다. 고등학교 시절에 선생님으로부터 들은 자녀의 입시와 관련된 이야기가 기억난다.

한 회사에 근무하는 사장과 만년 과장은 모두 고등학교 3학년 자녀를 두고 있다. 평상시에는 사장과 부하 직원관계로 있지만, 자녀 이야기만 나오면 둘 사이에는 묘한 기류가 흐른다. 사장은 학교생활에 불성실한 자녀로 인해 간혹 불만을 토로하는 편이고, 과장은 사장의 이야기를 묵묵히 듣는 편이었다. 간혹 사장이 '자네 아들은 어떤가?'

라고 물어보면 '요즘 아이들이 다 그렇죠!'라고 하면서 회피하였다. 그리나 과장은 사장에 비해 물질적으로 넉넉하지는 않았지만 성실하고 학교생활을 하는 아들덕분에 피곤한 줄도 모르고 열심히 일을 하였다. 그리고 1년 후, 사장 아들은 재수를 하게 되었고 과장 아들은 관악산 근처에 있는 대학에 입학을 하게 되었다.

물론 이 당시, 선생님이 고등학생인 우리에게 전해 줄 메시지는 아주 간단한 것이었던 것 같다. 부모를 위해서라도 열심히 공부해야 한다는 것이다. 여러분들은 어떻게 생각하는가? 아마 이에 대한 의견은 서로 상이하게 나타날 것이다. 나는 대학시절에도 비슷한 이야기를 들은 적이 있다. 그 당시에는 과외를 하면, 아이의 어머니께서 간단한 간식과 음료를 넣어 주었다. 그러던 어느 날, 접시에 떡을 주는 것이 아닌가? 그 당시만 해도 떡을 그렇게 좋아하지 않았기 때문에 과외하는 동안에도 떡에는 손도 대지 않았다. 그랬더니, 과외 받는 학생이, '선생님, 그 떡 있잖아요. 우리 아파트 복도, 계단, 엘리베이터를 청소하시는 아줌마가 우리 동 전체에 돌린 떡이에요. 이번에 아줌마 아들이 대학로 근처에 의대 캠퍼스가 있는 대학에 합격해서 돌린 거래요'라고 말하는 것이었다. 과외를 마치고 나가려고 하는데, 어머니께서는 아파트 청소하시는 아주머니가 너무 부럽다고 하면서, 우리 아이도 서울에 있는 4년제 대학에 꼭 보내고 싶다고 말하는 것이 아닌가? 아마 지금 이 글을 읽고 있는 독자들은, 지금은 시대가 변했기 때문에 이전과 다르다고 말을 할지 모른다. 그런데 정말 그럴까? 지금 부모는 이전과 다르기 때문에, '자녀는 자녀, 나는 나'라는 가치관을 갖고 있을까? 물론 가정상황과 부모의 인식, 시각차에 따라 다소 차이는 있겠지만, 지금도 이전과 달라진 점은 없다고 볼 수 있다. 아니 '이전보다 더 하면 더 했지', 감소하지는 않다고 생각하는 사람들도 많을 것이다. 당신의 생각은 어떠한가?

"아이 책 좀 전달해주세요." 시험기간 '극성' 대학가 치맛바람

[파이낸셜뉴스 김규태 기자]

"열람실 안에는 못 들어가나요. 우리 아이에게 책과 도시락 좀 전달해주세요." 서울의 한 대학 도서관에서 주말에 근로장학생으로 일하는 A씨는 최근 대학생 학부모의 잔심부름을 도맡느라 분주하다. 대학 시험 기간이 시작되자 책 심부름을 하거나 도시락을 싸서 학교를 방문하는 학부모들이 많아서다. 도서관 출입증이 없는데도 자녀 공부에 방해가 될까 무작정 열람실에 들어가려는 경우도 있다. A씨는 '자녀에게 전화조차 하지 않고 물건을 전달해주려 하거나 맡길 때가 많다'며 '학점 경쟁도 중요하지만 좀 심한 것 같다'고 털어놨다.

20일 대학가에 따르면 올 첫 중간고사 기간이 다가오면서 '헬리콥터맘'들의 치맛바람이 극성이다. 자녀들의 잔심부름을 도맡아하는 가하면 부모가 직접 시험 기간 공부를 시키는 경우도 다반사다. 교수들 사이에서는 이따금 걸려오는 시험 관련 부모들의 항의 전화에 골머리를 앓는다는 하소연이 나온다.

서울의 한 대학 4학년에 재학중인 B씨(24, 여)는 최근 어머니가 한국전력공사에 취직해야 한다면서 직접 학점을 관리해주고 있다. B씨는 '2년 전부터 시험기간 마다 어머니가 공기업 취직을 해야 하니 4.0은 넘겨야 한다고 강의 시간표 확인은 물론, 직접 성적표를 받아본다'며 '의지가 되는 때도 있지만 대학생이 돼서도 감시 받고 직장까지 선택 받는 게 정말 맞는 건가라는 생각이 크다'고 밝혔다.

교수들도 시험기간 속앓이를 하긴 마찬가지다. 충청권의 한 대학 교수는 시험기간에 종종 '문과 학생들만 듣는 수학 강의를 이공계 학생들이 듣는 데 F 학점을 주는 게 맞지 않느냐', '시험에 형평성이 없다'는 등 학부모 불평 전화를 받곤 한다며 '잘 달래면서 말씀드리지만 개운치 않다'고 전했다.

부모들이 대학생 자녀 학습에까지 신경을 쓰는 것은 최근 대학생들의 취업이 어려워졌기 때문이다. 부모들 사이에선 직접 나서 도와주지 않으면 자녀가 졸업 후 백수가 되지 않을까하는 우려가 크게 작용한다. 올해 신입생 자녀를 둔 C씨는 '아이 입학식까지 따라갔다'며 '워낙 취직이 어려우니 아르바이트를 한다고 해도 신경이 쓰일 수밖에 없다'고 털어놨다.
대학들은 부모들의 자녀 관심이 커진 만큼 원활한 소통을 위해 자구책을 마련 중이다. 이화여대는 지난해부터 자녀들의 학생 정보 열람, 학교 행사 안내 등을 이용할 수 있는 '학부모 포털'을 만들었다. 연세대는 올해부터 신입생 학부모를 대상으로 '연세 학부모 대학'을 개설, 자녀의 대학생활을 지도할 수 있는 학사·성적관리, 장학제도와 교환학생 제도 등을 소개할 방침이다.

출처: http://www.fnnews.com/news/201704201039116439

자식에 대한 부모의 마음

우리 부모들은 모두 자녀에 대한 꿈, 아니 작은 바람을 가지고 있다. 아이들이 어렸을 때는 친구들과 잘 어울리고 공부 잘하기를 바라며, 학교 졸업 후 사회생활을 할 때는 좋은 짝 만나서 결혼하기를 바란다. 90세 노모가 70세 아들을 보면서 '다닐 때 차 조심하고 건강하게 생활하라'고 걱정하는 것이 부모 심정이다. 학창 시절에 공부를 잘 하기를 바라는 것은 모든 부모들의 소망이고 꿈일 것이다. 그런데, 여기서 우리가 생각할 것이 있다. 과연 몇 %의 자녀가 이러한 부모의 꿈을 성취시켜줄 수 있을 것인가? 그러면 나머지 자녀의 부모는 자녀에 대한 자신의 꿈을 이루지 못한 것일까? 그렇게 생각하지 않는다. 부모는 자식이 공부를 잘 하든지, 못 하든지, 그 아이를 정말로 사랑한다. 다만, 해당 시기에 자녀에 대한 사랑의 표현이 다를 뿐이다. 그런데, 우리 모두가 알고 있듯이 사랑을 표현한다는 것은 상대방에게 일정 부분 전달되기를 바라고 하는 적극적인 행위다. 그런데 우리 부모들의 자녀에 대한 사랑 표현은 자녀에게 제대로 전달되기보다는, 도리어 '갈등과 문제'를 야기할 때도 있다. 물론 자녀가 나중에 장성하거나 자신이 부모가 되면 그 심정을 이해하고 부모를 그리워하게 된다. 그러나 이미 버스는 지나갔다. 의사소통에서 송신자의 메시지를 수신자가 수용하기 위해서는 서로 공유할 수 있는 '경험의 장'이 존재하고 있어야 한다. 자녀와 관련해서 성공한 삶은 바로 자녀와 삶을 공유하면서 서로 이해하고 사랑하는 삶이 아닐까 생각한다.

자녀에 대한 부모의 꿈

이 땅의 부모 중, 아니 대한민국의 부모 중 자녀를 사랑하지 않고, 자녀가 공부를 못하기를 바라는 부모가 있을까? 우리 부모에게는 자녀에 대한 꿈이 있다. 그 꿈은 다름 아닌, 자녀의 행복일 것이다. 우리 부모들은 자녀가 공부도 잘하면, 보다 더 행복할 것이라고 생각한다. 그러나 이러한 마음은 자녀에게는 공부를 잘해야 행복할 수 있다로 해석되는 것이 현실이다. 어떻게 자녀가 변하기를 바랄 것인가? 자녀는 자녀일 뿐이다. 자녀가 철없이 행동하는 시기가 바로 가장 행복했던 시기일 수 있다. 우리 부모의 꿈은 바로 자녀, 그 자체가 아닐까 생각한다. 다시 한 번 질문을 하려고 한다.

당신은 성공한 삶을 살고 있는가?

다음은 NEWS1 뉴스(2012. 4. 23.) 기사[1] 중 일부이다.

"중간고사 기간, 못도 박지 마." ○○○아파트 공고문 화제

[NEWS1 이재욱 인턴기자]

"중간고사 기간 중엔, 쉿!" 서울 ○○○구 ○○동의 한 아파트 게시판에 붙은 공고문이 화제다.

22일 트위터에는 '우리 학생들 중간고사 기간 내 아파트 내 정숙 분위기 조성'이라는 제목의 공고문이 올라와 빠르게 퍼져나가고 있다. 이 공고문에는 아파트 관리소장의 직인과 함께 '○○○동 중·고등학교 중간고사 기간이 19일부터 30일까지이니 이 기간 동안 소음 등이 발생하지 않도록 조심하라'는 내용이 담겨 있다. 그러면서 '중간고사 기간은 내신 성적 등이 중요하기 때문에 학생들과 학부모님들 모두가 최고의 긴장모드로 전환되는 시기'라며 '못 하나 박는 것도 주의하라'고 당부했다. 또 '평소 갈고 닦은 실력을 유감없이 발휘하기 위해서는 세대 간의 세심한 주의가 필요하다'고 덧붙였다. 이런 내용의 공고문은 해당 아파트 외의 ○○○동 S아파트 등 ○○지역 다른 아파트 단지에도 시험기간 동안 게재되는 것으로 알려졌다.

트위터리안들은 대부분 "이런거 보고자란 애들이 걱정."(@nam*******), "아파트의 독서실화, 이럴바엔 초·중·고등학생 가정용으로 따로 입주시키던지."(@sun******), "이러니 애들이 안 미칠수 있나!"(@do****) 등 '○○동 지역의 지나친 교육열을 알 수 있다'며 '씁쓸하다'는 반응을 보이고 있다.

한 트위터리안(@2go*****)은 '이것이 아이들 공부할 때는 숨도 못 쉬게 한다는 말로만 듣던 ○○동이구나'라며 '우리나라 교육의 현실인가'라는 트윗을 남겼다.

출처: http://news1.kr/articles/? 641681

---

1 http://news1.kr/articles/?641681

이상의 내용을 종합적으로 고려해 볼 때, 우리는 다음과 같은 점을 고민해볼 필요가 있다.

하루에 10분이라도 자녀와 공부 이외의 대화를 나눌 수 있는
좋은 방법에는 무엇이 있을까?

부모의 마음을 자녀에게 올바로 전해줄 방안에는 무엇이 있을까?

6-2

성적과 꿈의 절대적 상관관계

학력이 꿈에 미치는 영향

학력과 꿈은 어느 정도의 관련이 있을까? 정말 학력이 좋지 않으면 미래에 대한 꿈도 소망도 없는 것일까? 성적이 낮은 자녀를 두고 있는 부모에게는 자녀에 대한 기대나 꿈이 작을 수밖에 없는 것일까? 결론부터 말하면 모두 '아니다'이다. 단언컨대, '아니다'라고 말할 수 있다.

고졸 개발자의 신화 김대일 8400억 원 '돈방석'

[한국정경신문 김세훈 기자]

IT(정보기술)분야에서 활약하는 또 하나의 '자수성가형 기업'이 등장했다. 게임회사 '펄어비스'가 코스닥 상장 석 달여 만에 시가총액 10위권에 진입했다. 24일 한국거래소에 따르면 펄어비스의 주가는 지난 9월 14일 상장한 후

전날까지 70여 일 만에 상장액에 비해 92.02% 올랐다. 이날 기준 펄어비어스의 시가총액은 2조 918억 원으로 상장 후 처음 시가총액 10위에 올랐다. 펄어비스 창업자 이자 최대 주주(471만 422주, 39.04%) 김대일(38) 펄어비스 이사회 의장은 돈방석에 앉았다. 김대일 의장의 주식가격은 4800억 원(공모가)에서 8400억 원(전날 종가 기준)까지 가격이 늘었다. 내년 3월 셀트리온이 코스피로 옮겨가면 김 의장이 코스닥 주식부자 랭킹 1위에 오를 것으로 보인다. 김대일 의장은 앞서 게임업계의 성공신화를 쓴 '넷마블게임즈'의 방준혁 의장과 닮았다. 이 둘은 이른바 '흙수저'로 시작해 대학 졸업장 없이 자신의 사업을 성공 시켰고 올해 회사를 상장했다.
김 의장은 21살에 '가마소프트'에 입사해 게임 개발자의 길을 걸었다.
[후략]

출처: http://kpenews.com/Board.aspx? BoardNo=5163

아마 상기와 같은 이야기를 들으면, 이것은 일부의 사례에 불과하며 현실의 전반적인 상황과는 크게 다르다고 주장할지 모른다. 물론, 이 같은 의견도 나름대로 타당하다고 볼 수 있다. 그런데, 살아오면서, 상기와 같은 사례는 일부의 특별한 경우라고 격하시킬 수 없다는 점을 알게 되었다. 학창시절에 성적이 높은 학생이 나중에 학업과 관련된 자신의 꿈을 성취해 나가는 것이 자연스러운 현상이듯이, 성적에 관계없이 우리 아이들이 사회에 나가서 자신의 꿈을 성취해 나가는 것도 자연스러운 현상이라고 볼 수 있다. 물론 이 같은 두 가지 상황도 엄밀히 따지면, 모두 하나의 가정이라고 볼 수 있다. 또한 학생의 성실함과 노력 없이 도출된 성적이 졸업 후 성공을 보장할 수 없듯이, 성적이 낮은 학생이 별다른 노력 없이 사회에서 성공한다는 것도 보장하기 쉽지 않다.

즉, 학교 성적과 추후 사회에서의 성공은 별개의 사안이라고 볼 수 있다. 그렇다면, 우리 부모들은 왜 그렇게 자녀의 성적에 관심이 많은가? 이렇게 성적과 성공 간의 관계가 불확실한 관계라면 부모들이 자식의 성적에 관심을 가질 필요가 없는 것이 아닌가?

부모는 이미 경험?

그런데, 한 가지 흥미로운 것은, 부모들은 이미 학창시절과 사회생활을 모두 경험한 세대라는 것이다. 따라서 학창시절의 성적이 사회에서의 절대적인 성공을 보장하지 않는다는 것을 몸소 체험하여 인지하고 있다고 볼 수 있다. 그럼에도 불구하고 자녀들의 학업 및 성적에 관심을 갖는 것은 무엇일까? 그냥 자유롭게 자녀들이 하고 싶은 것을 하도록 허용하고 지원하는 것이 현명한 것이 아닐까? 아니면, 부모가 생각하는 자녀의 성적에 대한 의미는 성적 그 이상의 것인가? 당신은 어떻게 생각하는가? 부모가 자녀의 성적을 중요시하는 근거는 세 가지 측면에서 살펴볼 수 있다.

첫째, 성적 그 자체가 자녀의 미래를 일정 부분 결정할 수 있기 때문이다. 이 같은 입장은 대학 입시와 밀접한 관련이 있다. 특히 대학을 졸업해야 취득할 수 있는 국가 자격증 관련 학과는 성적과 미래의 꿈이 일정 부분 상관관계가 있다고 볼 수 있다. 예를 들어, 의료계에서 일하고 싶은 학생은 반드시 의·치·한의대에 진학해야 하며 교사로서 아이들을 가르치고 싶은 학생은 반드시 교·사대[2]에 진학해야 한다. 즉, 부모입장에서 자녀의 진로가 상기와 같은 학과와 관련이 있다면, 해당 학과에 합격할 정도의 성적이 필요하기 때문에, 자녀의 성적에 관심을

2 여기서는 일부의 대학만 거론하였다. 이외에도 많이 있으나 저자의 무지로 인해 일부 대학만 제시함을 양해하기 바라는 바이다.

가질 수밖에 없다.

둘째, 성적은 자녀의 성실성을 바탕으로 도출되기 때문이다. 학생의 직업은 학생이다. 물론 학생의 개념을 어떻게 보느냐에 따라 달라질 수 있으며 가정 형편상 아르바이트를 하는 경우도 있을 수 있지만, 학생이 수행하는 주요 업무는 공부이고 공부의 결과는 성적으로 나타난다. 물론 공부를 열심히 한다고 반드시 성적이 높게 나오는 것은 아니지만, 공부와 성적의 상관관계는 매우 높은 편이다. 즉, 부모는 자녀의 성적을 통해 성실성을 확인할 수 있기 때문에, 자녀의 성적에 관심을 가질 수밖에 없다.

셋째, 성적이 높은 것이 그렇지 않은 것보다는 좋다고 생각되기 때문이다. 성적은 그 자체로 가치 있고 소중한 것은 아니다. 자녀의 성적이 높다고 자녀가 행복한 것은 아니며 낮다고 불행한 것은 아니다. 즉, 성적은 그 자체로는 가치의 좋고 나쁨을 평가할 수 없지만, 성적이 높은 것이 낮은 것보다 낫기 때문에 성적을 중시하는 경향이 있다. 즉, 우리 아이들이 장차 어떤 일을 하게 될지는 모르지만 일단 성적이 낮은 것보다 높은 것이 낫기 때문에, 이를 중시하는 경향이 있다. 당신의 경우는 어디에 속해 있는가? 물론 이외에도 여러 가지 이유가 있을 수 있다. 그러나 한 가지 확실한 것은 성적과 꿈은 절대적인 상관관계가 아니라는 것이다. 또한 '행복이 성적순이 아니잖아요'와 같은 영화 제목처럼, 성적과 자녀의 행복은 아무런 관계가 없다고 볼 수 있다.

다음은 뉴스웨이(2017. 11. 28.) 기사[3] 중 일부이다.

[카드뉴스] 정말 행복은 성적순이 아닐까

[뉴스웨이 이석희 기자]

우리나라 청소년들은 얼마나 행복한 삶을 살고 있을까요? 재단법인 행복세상이 한길리서치에 의뢰해 전국 중·고생 800명을 대상으로 실시한 '행복의식 청소년 여론조사' 결과를 중심으로 알아보겠습니다. 조사에 따르면 스스로 행복하다고 느끼는 청소년은 53.7%에 그쳤습니다. 이는 지난 2011년보다 4.9% 감소한 것인데요. 학생들의 행복에 영향을 미치는 것은 무엇일까요? 학생들에게 큰 부분을 차지하는 것으로 성적을 빼놓을 수 없는데요. 학생 10명 중 7명은 행복은 성적순이 아니라고 답했습니다. 하지만 현실은 달랐습니다. 실제 학생들이 느끼는 행복도는 성적순이었습니다. 성적이 높은 학생일수록 자신이 행복하다고 느끼는 비율이 높았던 것. 성적보다 행복에 더 많은 영향을 미치는 것도 있었습니다. 바로 부모의 경제력인데요. 집안 환경이 비교적 상위권인 학생들은 64.2%가 행복하다고 답한 반면 경제 상황이 열악한 집안의 학생들은 28.4%에 그쳤습니다. 누구와 함께 있을 때 행복한지에 대한 질문에는 절반에 가까운 학생이 친구를 꼽았습니다. 14.2%는 혼자 있을 때 가장 행복하다고 답했지요. 학생들은 '자기 가치에 충실하고 자기 꿈을 펼칠 수 있는 세상'과 '차별을 받지 않는 세상', '물질적으로 풍요롭고 공정한 세상'을 행복한 세상이라고 생각하고 있습니다. 성적이나 부모의 경제력에 따라 행복도가 차이나는 것은 아직 우리 사회에 차별이나 불공정이 많이 남아있기 때문이라고 생각합니다. 청소년들이 행복한 세상을 위해 어른들의 더 많은 노력이 필요할 것 같습니다.

출처: http://news.newsway.co.kr/view.php? tp=1&ud=2017112809274090024&md=20171128092821_AO

---

3 http://news.newsway.co.kr/view.php?tp=1&ud=2017112809274090024&md=20171128092821_AO

이상의 내용을 종합적으로 고려해 볼 때, 우리는 다음과 같은 점을 고민해볼 필요가 있다.

당신은 자녀의 성적이 낮은 이유를 명확히 알고 있는가?

자녀의 꿈을 공부와 일치시킬 수 있는 방안에는 무엇이 있는가?

6-3

이익은 중요하지 않다!

자녀 1인당 양육비용

앞에서도 언급하였지만, 이익은 '정신적으로나 경제적으로 보탬이 되는 일'을 의미한다. 이러한 관점에서, 우리 부모들이 자녀를 교육시키고 양육시키는 행위는 '이익'과 어떠한 관련이 있을까? 쉽게 말하면, 자녀를 공부시키는 것은 부모에게 '정신적으로나 경제적으로 보탬이 되는 일'이라고 할 수 있을까? 최근 조사에 의하면, 우리나라에서 자녀 1명을 대학

대학 졸업까지 자녀 1명 양육비 4억[4]

4 http://db.kookje.co.kr/news2000/photo/2017/0301/20170301.33001223441i1.jpg

졸업까지 양육하는 데 대략 4억 원 정도의 비용이 발생한다고 한다.

자녀 양육에 따른 이익 vs. 손실

물론 상기와 같은 내용은 경제적 비용만을 제시하고 있다. 그렇다면, 정신적 비용 측면에서는 어떨까? 아마 정신적인 측면에서는 자녀에 따라 큰 편차를 나타낼 것으로 예상된다. 만약, 자녀의 성적이나 내신 등급, 수능 성적, 대학 입시 결과를 기준으로, 정식적 측면의 비용을 계산할 수 있다면, 결과는 어떻게 나올까? 아마 지금쯤, 독자 중에는 이런 것을 어떻게 이익과 손실로 계산할 수 있는가? 이런 것까지 계산하려는 저자의 의도는 무엇인가? 라고 다소 의아한 표정을 지으면서 책을 읽고 있을 수도 있다. 그런데, 부모입장에서 자녀의 양육 및 교육이 궁극적으로 이익이 되는지 손실이 되는지 알고 싶지 않은가? 또한 학창시절의 교육의 결과로 도출되는 성적, 내신 등급, 수능 성적 및 대입 결과에 따라 정신적인 이익 및 손해가 달라질 수 있는가? 예를 들어, 학창시절에 공부를 잘 해서 내신 등급 및 수학능력시험에서 높은 점수를 획득해서 소위 명문대학에 입학하면 이익이고, 그렇지 않으면 손실이라고 말할 수 있겠는가? 당신은 어떻게 생각하는가?

자녀 양육에 대한 손익계산법

그런데 이를 알아보는 방법은 의외로 간단하다. 당신의 경우를 한번 생각해보자. 7·80년대, 혹은 90년대에 우리 부모들이 당신을 교육시키고 양육시킨 행위는 그들에게 이익이 되었을까? 손해가 되었을까? 당신은 어떻게 생각하는가? 당신을 양육한 부모 입장에서 보면, 부모는 경제적 이익을 얻었다고 확신할 수 있는가? 또는 정신적인 측면에서 이익을 보았다고 확신할 수 있는가? 먼저 경제적 측면에서 살펴보면, 부모가 당신을 양육하는 데 사용한 경제적 비용만큼 부모께 되돌려 드렸는가? 둘째, 정신적 측면에서 살펴보면, 부모가 당신을 양육하는 데 사용한 정신적 비용만큼 부모께 되돌려 드렸는가? 잠시, 눈을 감고 생각해보자. 우리 부모는 나를 양육하면서 이익을 보았는가? 아무리 생각해보아도, 우리 부모가 나를 양육하면서 이익을 보았다고 생각하기는 어려울 것이다. 그렇다면, 우리 부모들은 무엇을 바라고 나를 양육한 것일까? 부모로서의 의무감에서, 그저 자식이 잘 되기를 바라는 마음에서, 아니면 내 핏줄이므로….

아마 우리 부모의 마음은, 지금 당신이 당신의 자녀를 바라보는 마음과 동일할 것이다. 그렇다면, 우리 부모들은 언제나 자신에게 희생만 하고 소위 말하는 이익을 얻을 수 없는 것일까? 이익을 얻을 수 없다면 손실을 최소화 시키는 방법은 무엇이 있을까? 정말 자녀를 양육하는 것은 정신적 측면뿐만 아니라 경제적으로도 어려운 일일까?

결혼을 꺼리는 청춘들

당신도 잘 아는 것처럼, 요즘 젊은이들은 결혼하기를 꺼려하고 있으며 결혼을 하여도 다자녀 낳기를 망설이고 있다. IMF 이전만 해도, 여성나이는 25~27세가 결혼 적령기였으며, 남성은 28~31세 정도가 적령기였다. 지금은 어떠한가? 그리고 앞으로는 어떠할까?

평균 초혼 연령(1995~2015)

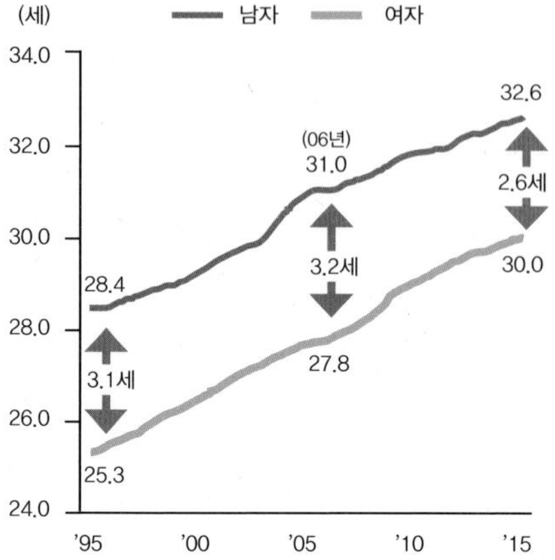

초혼 연령의 변화[5]

다음은 중앙일보(2017. 1. 31.) 기사[6]이다.

청년 10명 중 4명 "돈 때문에 결혼 망설인 적 있다."

[중앙일보 홍수민 기자]

경제적 어려움 때문에 결혼을 망설인 적이 있는 청년이 10명 중 4명인 것으로 나타났다. 30일 한국청소년정책연구원이 전국 15~39세 남녀 2,500명을 상대로 설문조사한 '2016년 청년 사회·경제 실태조사'에 따르면 결혼을 준비해본 경험이 있는 응답자의 41.4%가 '비용 부담으로 결혼을 망설인 경험이 있다'고 답했다. 30대는 40.5%, 20대는 49.7%가 비용 문제로 결혼을 주저한 적이 있었다. 주머니 사정 때문에 연애를 꺼리는 경우도 있었다. 30대

5 http://news.kbiz.or.kr/news/photo/201604/41064_5224_3342.jpg

6 http://www.joongdo.co.kr/main/view.php?key=20171218010007083

는 28.7%, 20대는 18.4%가 미취업이나 불안정한 직업 때문에 연애를 망설인 경험이 있다고 답했다. 응답자들은 가장 먼저 확대해야 하는 출산정책으로 '자녀 교육비 부담 완화'(22.1%)를 꼽았다. 자녀를 가질 필요성에는 전체의 54.0%가 '가져야 한다'고 답했다. '가질 수도 있고 안 가질 수도 있다'는 대답은 42.4%였다.

출처: http://news.joins.com/article/21190007

정말 세상이 많이 변했고 변하고 있으며 앞으로는 어떻게 변할지 모르겠다. 자녀 양육과 관련하여서도 급변할 것으로 예상된다. 다만, 내가 미래학자는 아니므로, 현 상황을 기준으로 설명하면, 부모의 입장에서는 자녀를 양육하면서 이익은 생각하고 있지 않는다고 볼 수 있다. 엄밀한 의미에서 보면, 자녀가 소위 명문대를 졸업하고 번듯한 직장에 다니고 결혼하여 유복한 가정을 꾸린다고 할지라도, 부모에게는 아무런 이익이 안 될 수도 있다. 아마 관련 내용은 신문 기사를 통해 잘 알 것이다. 그럼에도 불구하고, 부모들이 자녀 교육에 최선을 다 하는 이유는 무엇일까? 왜 부모는 자녀의 성적이 좋으면 기분이 좋고 행복감을 느낄까? 정말 부모는 자녀를 양육하면서 어떤 경우에도 이익을 볼 것으로 기대하지 않으면서 양육하는 것일까? 대한민국에서 자녀를 양육하는 부모들은 한 번 정도 생각해보아야 할 것이다. 이를 위해 우리는 다음과 같은 점을 고민해볼 필요가 있다.

우리 부모들이 이익을 보면서
자녀를 양육하는 방법에는 무엇이 있을까?

당신의 자녀는 나중에
당신에게 이익을 가져다 줄 수 있다고 생각하는가?
만약에 그렇다면, 그 이유는 무엇인가?

6-4

대한민국 교육시스템의 변화

대한민국 교육시스템에 대한 당신의 생각

미래학자 엘빈 토플러는 대한민국의 교육 현황을 분석하며 '한국의 학생들은 하루 15시간 동안 학교나 학원에서 미래에 필요하지도 않을 지식과 존재하지도 않을 직업을 위해 시간을 낭비하고 있다'고 하였다. 그리고 그는 '학교는 더 이상 교육 공장이어서는 안 된다'며 '한국의 아이들이 미래를 준비하기 위해서는 대량생산체제를 위해 고안되었던 한국의 대량 교육시스템의 전면적인 변화가 필요하다'고 설파하였다.[7] 정말 엘빈 토플러의 주장처럼, 우리나라의 교육시스템은 문제가 있으며 혁명적인 변화가 필요한 것일까? 우리나라 교육시스템의 문제에 대해서는, 이미 앞에서 언급한 바가 있다. 그러나 우리나라 교육시스템을 잘

7 안종배(2017). 4차 산업혁명에서의 교육 패러다임의 변화. 미디어와 교육, 7(1), 21~34.

아는 국내학자도 아닌 외국학자가 우리나라의 교육시스템에 문제를 제기하고, 우리나라의 '학교'를 '교육 공장'이라고 폄하하면서 '우리 학생들이 미래에 필요로 하지 않을 지식과 존재하지도 않을 직업을 위해 시간을 낭비하고 있다'고 주장하는 것에 대해서, 당신은 어떻게 생각하는가? 물론, 엘빈 토플러(Alvin Toffler)는 우리나라 교육의 문제점을 언급하면서, 보다 바람직한 방향을 제시하고자 하는 '한국의 교육을 사랑하는 마음'에서 이 같은 주장을 했는지도 모른다. 또한 국내학자나 관련 전문가들이 우리나라 교육의 문제점을 제기하였기 때문에, 이 같은 주장을 했을지도 모른다.

대한민국 교육시스템의 문제?

정말, 우리나라의 교육은 소위 '쓸모없는 지식을 재생산하는 공장'으로, 우리 자녀들의 시간을 낭비하게 만드는 주범인가? 만약에 그렇다면, 우리 모두는 지금 여기서 한가로이 책이나 읽고 있어서는 안 될 것이다. 그리고 지금 이 책을 읽고 있을 정도의 수준을 지닌 당신이라면, 독서보다는 우리 교육의 문제점을 혁신하려는 선봉에 서야 하는 것이 이치에 맞지 않을까? 또한 소위 선생이라고 하는 나도, 이렇게 글로만 우리나라 교육을 논하고 평가하기보다는 혁신적인 교육변화를 위해

2016년 가을, BBC에서 방송된 화면 캡쳐[8]

8 http://www.bbc.com/news/uk-wales-38080752

맨발이지만 행복하다[9]

가시적인 노력과 행동을 보여야 하는 것은 아닐까? 그렇다면, 과거 우리나라 성장 및 발전의 원동력을 교육시스템에 있다고 보거나 앞으로 우리나라의 미래는 교육에 있다고 전하는 신문, 방송 및 매스컴, 그리고 각종 보고서 및 논문은 모두 거짓을 말하고 있었던 것인가? 또한 세계 여러 나라에서 우리나라 교육시스템의 우수성에 대해서 거론하는 것은 우리나라 교육시스템을 제대로 파악하지 못했기 때문일까?

시각 차 존재

물론, 보는 시각에 따라서는 대한민국의 교육시스템을 소위 칭송하는 경우도 있지만, 입시문제, 사교육비 등의 어두운 점을 부각시키는

9 가장 환하게 웃고 있는 아이는 맨발이었다. 모두 신발을 신고 있었는데… 그래도 웃을 수 있어서 좋다. 저자가 이 사진을 자주 게시하는 것은 '이 아이의 환한 웃음'이 필요하기 때문인 것 같다.

보도도 잇따르고 있다. 도대체, 동일한 사안을 놓고 이렇게 상이한 의견이 발생하게 된 원인은 무엇일까? 정말 우리나라의 교육기관은 미래를 위한 준비와는 관련 없는 소위 '쓸데없는 활동'을 주로 하는 공간라고 볼 수 있는가? 아니면, 우리나라의 현 상황에 최적화된 효과적이고 효율적인 활동을 하는 장소인가? 여기서 우리나라 교육 자체를 논의하기는 쉽지 않을 것이다. 이 부분에 대해서는 추후 다른 책을 통해서 한 번 심도 있게 다루어보기로 하겠다. 여기서는, 미래교육과 관련하여 우리나라 교육의 성과와 우리 아이들이 주역으로 활약하게 될 미래와 관련하여 간단히 기술하도록 하겠다.

우수한 교육시스템이었다. 그러나 지금은

먼저 우리나라의 교육시스템은 대한민국이라는 특수한 상황 및 환경에 매우 적합하고 효율적이며 효과적인 시스템이었다고 할 수 있다. 우리나라 발전 및 성장의 기반에 교육이 있다는 점은 분명한 사실이다. 그러나 미래와 관련하여 우리나라의 교육을 평가한다면, 그리 낙관적이라고 말할 수는 없을 것이다. 물론 이 부분은 매우 조심스럽고 예측하기 어려운 부분이다. 다만, 지금까지 우리나라 교육시스템은 '아무것도 없는 상태에서 중상위 수준으로' 이끌어 오는 데는 효과적이었다고 확신할 수 있다. 그러나 '중상위 수준에서 상위 수준으로' 가는 데는 그 효과성을 장담하기 어렵다. 우선 우리나라 교육의 성과를 나타나는 지표 중의 하나인 OECD 학업 성취도를 보면, 점차 그 수준이 낮아지고 있다. 또한 노벨상 수상자[10]를 살펴보면, 학문과 관련된 수상자는 전무

10 물론 이 부분에 대해서는 할 말이 많다. 여러 가지 국제 정세와 국가 간의 역학적인 관계가 있기 때문에 수상 자체를 높이 평가할 수는 없지만, 여기서는 객관적인 사실에 의거하는 기술을 하였음을 양해하여 주기 바란다.

하다. 그리고 IT(Information Technology)와 관련하여서도 스마트폰, 반도체 등 일부를 제외하고는 대부분 외국 기술에 의존하고 있다. 소셜미디어와 게임 등과 관련해서 조금씩 국제시장에서 성과를 나타내고 있지만 아직은 세계적인 수준에는 미치지 못하고 있다. 즉, 우리나라의 교육은 미래보다는 과거에 머물러 있다고 볼 수 있다. 그런데, 최근 문제가 생겼다. 바로 중국의 거침없는 질주(소위 '굴기'라고 표현하기도 하지만)와 동남아시아의 추격이 시작되고 있다. 특히 우리나라와 비슷한 교육문제, 성적 지상주의로 어려움을 겪고 있는 중국의 추격은 매우 거세게 다가오고 있다. 그리고 미국을 비롯한 서방국가의 통상압력은 점차 심해지고 있다.

교육을 변화시키는 사회의 변화

이처럼 우리나라의 상황은 중간에 낀 형세라고 볼 수 있다. 따라서 지금과 같은 교육 시스템으로 우리나라의 미래를 낙관하기 어려울 것으로 보인다. 그럼에도, '우리나라의 교육에는 미래가 없다'라고 단언할 수 없는 것은, 최근 교육계에 기존과 다른 바람이 불어오고 있기 때문이다. 아직도 멀었지만 성적지상주의와 학벌 위주의 사고방식이 이전보다는 조금씩이 줄어들고 있으며 우리 아이들의 역량과 발전 가능성에 무게를 두고 있다. 예를 들어, 대기업이나 공공기관에서 신입사원을 모집할 때, 학벌이나 전공을 기재하는 란을 없애고, 과거와 달리 심층면접과 다면 평가를 기반으로 채용하는 경향이 나타나고 있으며 대학입시도 다양한 방식의 입학전형으로 선발하고자 하는 현상이 나타나고 있다. 물론 이 같은 현상이 우리나라의 교육을 획기적으로 변화시키며 미래를 준비하는 데 도움이 된다고 확신할 수는 없다. 그래도 우리나라 교육이 조금씩 과거의 틀에서 벗어나 바람직한 방향으로 가고 있다는 점은 분명하다고 볼 수 있다. 따라서 우리 부모들도 이전과는 다른 차원에서 자녀의 학업을 바라보고 미래를 설계할 필요가 있다. 한 가지 확실한 것은, 미래는 지금 우리가 예상하는 것, 그 이상이라는 점이다. 앞으로 부모들은 대통령, 국회의원, 교육감, 광역시장, 시도지사 등을 선출할 때, 교육적인 성향을 유심히 살펴볼 필요가 있다. 이와 더불어, 후보자들의 교육 이력과 관련 분야의 성과나 정책도 면밀히 탐색해야 한다.

지금의 부모세대는 우리 아이들에게 우리가 누린 것 이상의 미래를 남겨주어야 할 것이다. 이것이 '공부하라고 말하는 것'보다 더 중요한 책무이다.

다음은 중도일보(2017. 12. 17.) 기사[11] 중 일부이다.

[시사오디세이] 혁신의 시대와 불신받는 대학

[중도일보 한밭대 화학생명공학과 최병욱 교수]

지난달 스위스 국제경영개발연구원(IMD) 국제경쟁력센터의 '2017 세계 인재 보고서'에 따르면 한국의 인재 경쟁력 지수는 100점 만점에 55.82점을 기록하여 조사대상 63개국 가운데 중하위권인 39위에 그쳤으며, 이는 작년보다 1계단 하락한 상황이다(한국경제 2017년 11월 27일). 반면에 중국은 2계단 상승하여 우리나라 바로 아래인 40위로 조만간 우리나라를 추월할 기세다.

[중략]

한 기업의 연구소에 계신 다른 분의 발표에서는 이제 지식의 반감기는 4~5년 정도밖에 되지 않고, 대학 졸업 시점에서 갖춘 학생의 경쟁력은 5년 정도

11 http://www.joongdo.co.kr/main/view.php?key=20171218010007083

유지되나 (학벌에 따른 경쟁력이라고도 할 수 있다) 향후의 경쟁력은 자기계발 능력 및 사회 대응능력에 오히려 좌우되는 경향이 있다고 한다. 즉, 이제 학벌보다 평생교육 및 직무능력을 개발하는 노력이 더욱 필요해졌다는 것이다. 이러한 관점에서 대학은 읽기 및 글쓰기, 수리능력, 정보통신기술(ICT) 유창성, 문화이해 능력과 같은 핵심 기반 역량을 갖추게 하고, 이 토대 위에서 특정한 전문성을 교육하여 세상의 변화에 대응할 수 있는 인재 양성 프로그램을 갖추어야 한다는 요구가 있었다.

이제 정말로 대학은 새로운 방향에서 미래를 준비해야만 그 생존이 가능할 것으로 여겨진다. 실제로 대학은 아직도 실무현장에서는 더 이상 사용하지 않는 이론과 기술을 가르치는 경우도 있다. 그것도 주입식으로 말이다. 이에 따라 교육과정의 개편을 교수나 대학의 손에만 맡기지 말고 직접 외부에서 대학의 교육과정을 만들어 주어야 하는 것 아니냐는 극단적인 이야기도 나오는 상황이다. 진정 대학은 사회 변화에 부응하는 유연한 교육시스템을 갖추어야 할 것이다.

나아가 대학은 보다 사회에서 필요한 경험을 많이 할 수 있게 해주어야 할 것이다. 즉, 문제중심학습 또는 경험중심 학습을 강화하여야 할 것이다. 또한, 좋은 문제를 발굴하고 의미있는 경험을 하게 하기 위해서는 지역사회 및 산업계 등과 실질적이고도 긴밀한 협력이 필요할 것이다. 즉, 대학이라는 플랫폼에 사회가 함께하는 살아있는 교육체계 발굴이 필요하다.

[후략]

원문보기: http://www.joongdo.co.kr/main/view.php?key=20171218010007083

이상 관련된 여러 내용을 종합해 볼 때, 우리는 다음과 같은 점을 고민해볼 필요가 있다.

우리 아이들의 미래를 위해 우리 부모들이 할 수 있는
교육적인 역할에는 무엇이 있는가?

우리 아이들의 미래 설계를 위해
가장 중요하고 핵심적인 것은 무엇이며
이를 위해 어떤 준비를 하고 있는가?

찾아보기

저자 소개

정한호

서울교대에서 초등교육(B.A), 서강대에서 교육공학(M.ed)을 공부하고 고려대에서 교육공학을 전공하면서 '생태학적 관점에서 본 교실수업에서의 이러닝에 관한 연구'로 박사학위(Ph.D)를 받았다. 2008년부터 2010년까지 한국연구재단 지원으로 미국 Florida State University에서 박사후 과정(Post doc.)을 밟으면서 한국교육, 미래교육, 테크놀로지의 교육적 활용과 관련된 다양한 연구를 수행하였다. 이후 고려대, 연세대, 중앙대 등에서 시간 강의를 하였으며 고려대 연구교수, 광운대 대우교수, 숭실사이버대 조교수를 거쳐 2012년부터 총신대에서 후학을 양성하고 있다. 또한 2012년부터 한국국제협력단(KOICA)에서 교육전문가로 케냐, 동티모르, 아이티, 이라크, 아프카니스탄, 과테말라 등 세계 여러나라의 교육발전을 위해 일하고 있다. 지금은 총신대 기독교교육과 부교수로 교육학 관련 과목을 강의하고 있다. 저서로는 <대학생활의 에센스, SNS(공저)>가 있으며 대한민국의 교육현실 및 미래교육과 관련된 50여 편의 논문을 KCI와 SSCI급 학술지에 발표해오고 있다. 이번 저서, <공부막방>을 시작으로 공교육과 사교육을 아우르는 대한민국 교육개혁 방안에 대한 글을 집필하고 있다.